W0396665

Espacios literarios

La casa en Mango Street

Sandra Cisneros

Traducido por Elena Poniatowska

Cornelsen

Espacios literarios | La casa en Mango Street
Sandra Cisneros

Herausgeber: Wolfgang Steveker
Vokabelannotationen und Aufgaben: Wolfgang Steveker
Verlagsredaktion: Julia Goltz
Umschlaggestaltung: werkstatt für gebrauchsgrafik, Berlin
Layout und technische Umsetzung: Annika Preyhs für Buchgestaltung +, Berlin
Umschlagfoto: Corbis: © Brabyn

Bilder: Corbis: © Morris (S. 116 unten); © Public Domain (S. 116 oben)

Verwendete Abkürzungen

a/c	alguna cosa	lit.	literario	jmd.	jemand
alg.	alguien	loc.	locución	jdm.	jemandem
amer.	americanismo	m.	masculino	jdn.	jemanden
angl.	anglicismo	mex.	mexicano	etw.	etwas
f.	feminino	pl.	plural		
fam.	familiar	vulg.	vulgar		

www.cornelsen.de

1. Auflage, 3. Druck 2011

Alle Drucke dieser Auflage sind inhaltlich unverändert und können im Unterricht nebeneinander verwendet werden.

Druck: Drogowiec-PL Spolka z o. o., Kielce

ISBN 978-3-464-20297-5

Inhalt gedruckt auf säurefreiem Papier aus nachhaltiger Forstwirtschaft.

* Estas viñetas contienen actividades para la clase.

A las mujeres

La casa en Mango Street

No siempre hemos vivido en Mango Street. Antes vivimos en el tercer piso de Loomis, y antes de allí vivimos en Keeler. Antes de Keeler fue en Paulina y de más antes ni me acuerdo, pero de lo que sí me acuerdo es de un montón de mudanzas[1]. Y de que en cada una éramos uno más. Ya para cuando llegamos a Mango Street éramos seis: Mamá, Papá, Carlos, Kiki, mi hermana Nenny y yo.

La casa de Mango Street es nuestra y no tenemos que pagarle renta[2] a nadie, ni compartir el patio con los de abajo, ni cuidarnos de hacer mucho ruido, y no hay propietario que golpee el techo con una escoba[3]. Pero aún así no es la casa que hubiéramos querido.

Tuvimos que salir volados[4] del departamento de Loomis. Los tubos[5] del agua se rompían y el casero no los reparaba porque la casa era muy vieja. Salimos corriendo. Teníamos que usar el baño del vecino y acarrear[6] agua en botes lecheros[7] de un galón. Por eso Mamá y Papá buscaron una casa, y por eso nos cambiamos a la de Mango Street, muy lejos, del otro lado de la ciudad.

Siempre decían que algún día nos mudaríamos[8] a una casa, una casa de verdad, que fuera nuestra para siempre, de la que no tuviéramos que salir cada año, y nuestra casa

1 la mudanza: acción de cambiarse de casa o piso
2 la renta: el alquiler
3 la escoba: Besen
4 salir volados: salir corriendo, huir
5 el tubo: Rohr
6 acarrear: transportar
7 el bote lechero: Milchkanister
8 mudarse: cambiarse de casa o de piso

tendría agua corriente y tubos que sirvieran. Y escaleras interiores propias, como las casas de la tele. Y tendríamos un sótano[1], y por lo menos tres baños para no tener que avisarle a todo mundo cada vez que nos bañáramos. Nuestra casa sería blanca, rodeada de árboles, un jardín enorme y el pasto[2] creciendo sin cerca[3]. Esa es la casa de la que hablaba Papá cuando tenía un billete de lotería y esa es la casa que Mamá soñaba en los cuentos que nos contaba antes de dormir.

Pero la casa de Mango Street no es de ningún modo como ellos la contaron. Es pequeña y roja, con escalones apretados[4] al frente y unas ventanitas tan chicas[5] que parecen guardar su respiración. Los ladrillos[6] se hacen pedazos[7] en algunas partes y la puerta del frente se ha hinchado[8] tanto que uno tiene que empujar fuerte para entrar. No hay jardín al frente sino cuatro olmos[9] chiquititos que la ciudad plantó en la banqueta[10]. Afuera, atrás hay un garaje chiquito para el carro[11] que no tenemos todavía, y un patiecito que luce[12] todavía más chiquito entre los edificios de los lados. Nuestra casa tiene escaleras pero son ordinarias, de pasillo, y tiene solamente un baño. Todos compartimos recámaras[13], Mamá y Papá, Carlos y Kiki, yo y Nenny.

1 el sótano: Keller
2 el pasto: Rasen
3 la cerca: Zaun
4 escalones apretados: *etwa* schmale Stufen
5 chico/-a: *amer.* pequeño/-a (auch chiquito/-a)
6 el ladrillo: Ziegelstein
7 hacerse pedazos: romperse
8 hincharse: *hier* sich verziehen, aufquellen (Holz)
9 el olmo: Ulme
10 la banqueta: Gehsteig, Bürgersteig
11 el carro: *amer.* el coche
12 lucir: *aquí* parecer
13 la recámara: *mex.* el dormitorio

Una vez, cuando vivíamos en Loomis, pasó una monja[1] de mi escuela y me vio jugando enfrente. La lavandería del piso bajo había sido cerrada con tablas[2] arriba por un robo dos días antes, y el dueño había pintado en la madera SÍ, ESTÁ ABIERTO, para no perder clientela.

¿Dónde vives? preguntó.

Allí, dije señalando arriba, al tercer piso.

¿Vives *allí*?

Allí. Tuve que mirar a donde ella señalaba. El tercer piso, la pintura descarapelada[3], los barrotes[4] que Papá clavó en las ventanas para que no nos cayéramos. ¿Vives *allí*? El modito en que lo dijo me hizo sentirme una nada. *Allí*. Yo vivo *allí*. Moví la cabeza asintiendo[5].

Desde ese momento supe que debía tener una casa. Una que pudiera señalar. Pero no esta casa. La casa de Mango Street no. Por mientras, dice Mamá. Es temporario, dice Papá. Pero yo sé cómo son esas cosas.

1. Presenta a Esperanza. ¿Qué llegas a saber de ella y su familia?
2. Dibuja y rotula
   a) la "casa de verdad" (p. 5, l. 21) o
   b) la casa de Mango Street (p. 5, l. 8).
   Imagina lo que Esperanza dice sobre esta casa.
3. Examina –basándote en el texto– lo que representan las dos casas para Esperanza. Ten en cuenta los resultados de la tarea anterior.
4. Comenta los sueños de Esperanza.

1 la monja: Nonne
2 la tabla: la plancha de madera
3 descarapelado/-a: abgeblättert
4 el barrote: Querlatte
5 asentir (e>ie, i): decir que sí

Pelos

Cada uno en la familia tiene pelo diferente. El de mi papá se para en el aire como escoba[1]. Y yo, el mío es flojo[2]. Nunca hace caso de broches o diademas. El pelo de Carlos es grueso y derechito, no necesita peinárselo. El de Nenny es resbaloso[3], se escurre[4] de tu mano, y Kiki, que es el menor, tiene pelo de peluche[5].

Pero el pelo de mi madre, el pelo de mi madre, es de rositas en botón[6], como rueditas de caramelo[7] todo rizado y bonito porque se hizo anchoas[8] todo el día, fragante[9] para meter en él la nariz cuando ella está abrazándote y te sientes segura, es el olor cálido del pan antes de hornearlo[10], es el olor de cuando ella te hace un campito en su cama aún tibia[11] de su piel, y una duerme a su lado, cae la lluvia afuera y Papá ronca[12]. El ronquido, la lluvia y el pelo de Mamá oloroso a pan.

1 la escoba: Besen
2 flojo/-a: sin fuerza
3 resbaloso/-a: schlüpfrig, rutschig
4 escurrirse: escaparse
5 el peluche: Plüsch
6 la rosita en botón: *etwa* Rosenknospe
7 como ruedita de caramelo: *etwa* spiralförmig (wie bei einem zweifarbigen Lutscher)
8 hacerse anchoas: *etwa* Löckchen drehen und feststecken
9 fragante: que huele bien, dulce
10 hornear: meter en el horno
11 tibio/-a: *aquí* caliente
12 roncar: schnarchen

Niños y niñas

Los niños y las niñas viven en mundos separados. Los niños en su universo y nosotras en el nuestro. Por ejemplo mis hermanos, adentro de la casa tienen mucho que decirnos a mí y a Nenny. Pero afuera nadie debe verlos hablar a las niñas. Carlos y Kiki son los mejores amigos, nuestros no.

Nenny es demasiado chica[1] para ser mi amiga. Es sólo mi hermana y eso no es culpa mía. Una no escoge a sus hermanas: te tocan y a veces salen como Nenny.

Ella no puede jugar con esos chamaquitos[2] Vargas o va a acabar como ellos. Y como es la que sigue de mí, es mi responsabilidad.

Algún día tendré una mejor amiga para mí solita. Una a la que también pueda decirle mis secretos. Una que va a comprender mis chistes sin que yo tenga que explicárselos. Hasta entonces, soy un globo rojo, un globo atado a una ancla[3].

1 chico/-a: *aquí* joven
2 el/la chamaco/-a: *mex.* el/la chico/-a
3 el ancla *f.*: Anker

Mi nombre

En inglés mi nombre quiere decir esperanza. En español tiene demasiadas letras. Quiere decir tristeza, decir espera. Es como el número nueve, como un color lodoso[1]. Es los discos mexicanos que toca mi padre los domingos en la mañana cuando se rasura, canciones como sollozos[2].

Era el nombre de mi bisabuela[3] y ahora es mío. Una mujer caballo nacida como yo en el año chino del caballo —que se supone es de mala suerte si naces mujer— pero creo que esa es una mentira china porque a los chinos, como a los mexicanos, no les gusta que sus mujeres sean fuertes.

Mi bisabuela. Me habría gustado conocerla, un caballo salvaje[4] de mujer, tan salvaje que no se casó sino hasta que mi bisabuelo la echó de cabeza a un costal[5] y así se la llevó nomás[6], como si fuera un candelabro[7] elegante, así lo hizo.

Dice la historia que ella jamás lo perdonó. Toda su vida miró por la ventana hacia afuera, del mismo modo en que muchas mujeres apoyan su tristeza en su codo[8]. Yo me pregunto si ella hizo lo mejor que pudo con lo que le tocó, o si estaba arrepentida[9] porque no fue todas las cosas que

1 de color lodoso/-a: del color de la tierra
2 el sollozo: Schluchzer
3 el/la bisabuelo/-a: el padre / la madre del abuelo / de la abuela
4 salvaje: incontrolable, violento/-a
5 echar a alg. de cabeza a un costal: jdn. kopfüber in einen Sack stecken
6 nomás: *hier* einfach so
7 el candelabro: Kerzenleuchter
8 el codo: Ellbogen
9 estar arrepentido/-a: Reue empfinden

quiso ser. Esperanza. Heredé[1] su nombre, pero no quiero heredar su lugar junto a la ventana.

En la escuela pronuncian raro mi nombre, como si las sílabas estuvieran hechas de hojalata[2] y lastimaran[3] el techo de la boca[4]. Pero en español mi nombre está hecho de algo más suave, como la plata, no tan grueso como el de mi hermanita —Magdalena— que es más feo que el mío. Magdalena, que por lo menos puede llegar a casa y hacerse Nenny. Pero yo siempre soy Esperanza.

Me gustaría bautizarme[5] yo misma con un nombre nuevo, un nombre más parecido a mí, a la de a de veras[6], a la que nadie ve. Esperanza como Lisandra o Maritza o Zezé la X. Sí, algo así como Zezé la X estaría bien.

1. Resume el texto.
2. Confecciona –basándote en el texto– un esquema que represente el conflicto que Esperanza tiene con su nombre.
3. Comparando los esquemas, analizad la actitud de Esperanza hacia su nombre.
4. ¿Cómo te imaginas a Zezé la X? Trabajad en parejas y confeccionad un collage que la represente.

1 heredar: erben
2 la hojalata: Blech
3 lastimar: herir
4 el techo de la boca: *hier* Gaumen
5 bautizar: dar un nombre
6 la de a de veras: *hier* die echte, wirkliche (Esperanza)

Cathy reina de gatos

Ella dice: yo soy la tatatatataraprima[1] de la reina de Francia. Vive arriba, allá junto a la puerta de Joe el mañoso[2]. No te acerques a él, dice ella. Es el peligro en dos patas. Benny y Blanca son los dueños de la tienda de la esquina. Se portan *okay* mientras no te recargues en el mostrador de los dulces. Dos mocosas[3] cochinas[4] viven enfrente. Ni las quieres conocer. Edna es la dueña del edificio de al lado. Antes tenía un edificio grande como una ballena[5], pero su hermano lo vendió. Su madre dijo no, no, nunca lo vendas. No lo haré. Y luego ella cerró los ojos y él lo vendió. Alicia se cree la divina garza[6] desde que fue a *college*. Antes yo le caía bien pero ya no.

Cathy, reina de gatos, tiene gatos y gatos y gatos. Gatitos, gatotes, gatos flacos, gatos enfermos, gatos dormidos como donas chiquitas. Gatos encima del refrigerador. Gatos que van a dar la vuelta en la mesa del comedor. Su casa es el cielo de los gatos.

Tú quieres una amiga, dice ella. *Okay*, yo seré tu amiga, pero nada más hasta el martes. Ese día nos vamos. Tenemos que. Entonces, como si ella hubiera olvidado que acabo de mudarme[7], dice que el barrio se está poniendo de lo peor.

1 el/la tatatatataraprimo/-a: *fam.* un/a familiar muy lejano/-a
2 el mañoso: *hier* Grapscher
3 el/la mocoso/-a: *fam.* chico/-a mal educado/-a
4 cochino/-a: *fam.* sucio/-a, grosero/-a
5 la ballena: Wal
6 creerse la divina garza: *fam.* creerse superior, ser arrogante
7 mudarse: *aquí* venir

Un día el papá de Cathy tendrá que volar[1] a Francia a encontrar a la tatatatataraprima por parte de padre, y heredar[2] la casa familiar. ¿Cómo lo sé? Ella me lo dijo. Entre tanto tienen que mudarse un poquito más al norte de Mango Street, más lejos cada vez que gente como nosotros siga llegando.

1 volar (o>ue): *aquí* ir en avión
2 heredar: erben

Nuestro día bueno

Si me das cinco dólares voy a ser tu amiga para siempre. Eso es lo que me dice la chiquita[1].

Cinco dólares es barato, porque no tengo ninguna amiga, nomás[2] la Cathy que es mi amiga sólo hasta el martes.

Cinco dólares, cinco dólares.

Anda buscando alguien que ponga dinero, para comprar una bicicleta del escuincle[3] ese llamado Tito. Ya tienen diez dólares y todo lo que les falta son cinco más. Nomás cinco dólares, dice ella.

No hables con ellos, dice Cathy. ¿No te das cuenta de que huelen a escoba[4]?

Pero me caen bien. Usan ropa vieja, chueca[5] y arrugada. Traen zapatos brillantes de domingo aunque sin calcetines. Eso les pone rojos los tobillos[6] desnudos, pero me caen bien. Especialmente la grande, que se ríe con todos sus dientes. Ella me gusta aunque deje que la chiquita haga toda la plática[7].

Cinco dólares, dice la chiquita, nomás cinco.

Cathy me jala[8] del brazo y sé que haga yo lo que haga, se va a enojar conmigo para siempre.

Espérame tantito, le digo y corro adentro por los cinco dólares. Tengo tres ahorrados y voy a sacar dos de Nenny.

1 la chiquita: la más pequeña de las dos
2 nomás: *mex.* sólo
3 el escuincle: *mex.* el chico
4 la escoba: Besen
5 chueco/-a: *aquí* usado/-a
6 el tobillo: Knöchel
7 la plática: *mex.* la conversación
8 jalar: tirar

Nenny no está en la casa, pero estoy segura de que le dará gusto cuando sepa que tenemos una bicicleta. Cuando regreso, Cathy se ha ido, como pensé que lo haría, pero no me importa. Tengo dos nuevas amigas y también una bicicleta.

Yo me llamo Lucy, dice la mayor. Esta es Rachel, mi hermana.

Yo soy su hermana, dice Rachel. ¿Tú quién eres?

¡Qué daría yo por llamarme Casandra o Alexis o Maritza —lo que sea, menos Esperanza— pero cuando les digo mi nombre no se ríen!

Venimos de Texas, dice Lucy y sonríe de oreja a oreja. Ella nació aquí, pero mí soy Texas.

Querrás decir yo, corrijo.

No, mí soy de Texas, y no me entiende.

La bicicleta nos toca a las tres, dice Rachel, que ya está pensando a futuro. Hoy es mía, mañana de Lucy, y tuya al tercer día.

Pero todas queremos andar en bicicleta hoy porque es nueva, así que decidimos no tomar turnos hasta pasado mañana. Hoy nos pertenece a todas.

Todavía no les digo nada de Nenny. Es mucho relajo. Sobre todo porque Rachel casi le saca un ojo a Lucy por quién va a subir primero, pero al fin decidimos subirnos todas juntas. ¿Por qué no?

Como Lucy tiene piernas largas, pedalea. Yo me monto en el asiento trasero[1] y Rachel es bastante flaca para treparse en los manubrios[2], lo que pone a la bicicleta a tambalearse con ruedas de espagueti[3], pero después de un ratito nos acostumbramos.

1 el asiento trasero: *hier* Gepäckträger
2 los manubrios: Lenker
3 tambalearse con ruedas de espagueti: *etwa* Schlangenlinien fahren

Rodamos[1] rápido y más rápido. Pasamos mi casa, triste y roja y desmoronada[2] en algunas partes, pasamos el abarrote[3] de Mr. Benny en la esquina, y hacia abajo por la avenida que es peligrosa. Lavandería, tienda de usado, farmacia, ventanas y carros y más carros y vuelta a la manzana de regreso a Mango.

La gente del autobús nos saluda. Una señora muy gorda que cruza la calle nos dice: vaya que andan pesadas[4].

La pesada será usté, señora, grita Rachel, que es bien grosera[5].

Abajo, abajo, abajo Mango Street, Rachel, Lucy y yo. Nuestra bicicleta nueva. Y enchuecamos el camino[6] a carcajadas.

1 rodar (o>ue): *aquí* ir en bicicleta
2 demoronado/-a: en ruinas
3 el abarrote: *mex.* la tienda
4 pesado/-a: *aquí* con demasiado peso, sobrecargado/-a
5 grosero/-a: ordinario/-a, vulgar
6 enchuecar el camino: *mex.* ir de vuelta, volver

Risa

Nenny y yo no parecemos hermanas … no a primera vista. No como Rachel y Lucy que tienen los mismos labios gruesos de chupón[1] como todos los de su familia. Pero yo y Nenny, somos más parecidas de lo que tú crees. Nuestra risa, por ejemplo, no es la tímida risita tonta de campanitas de carrito paletero[2] de la familia de Rachel y Lucy, sino brusca y sorpresiva como de un altero[3] de platos quebrándose[4]. Y otras cosas que no puedo explicar.

Un día íbamos pasando una casa que se parecía, en mi mente, a las casas que he visto en México, no sé por qué. Nada en la casa se parecía exactamente a las casas que yo recordaba. Ni siquiera estoy segura de por qué pensé eso, pero sentí que estaba bien.

Miren esa casa, dije, parece México.

Rachel y Lucy me miran como si estuviera loca, pero antes de que puedan soltar la risa, Nenny dice: sí, es México. Es exactamente lo que yo estaba pensando.

1 los labios de chupón: Schmollmund
2 los campanitas de carrito paletero: *etwa* das Gebimmel des Eiswagens
3 el altero: Stapel
4 quebrarse: romperse

1. Cuenta qué pasa.
2. a) Describe a las dos parejas de hermanas. Trabaja con ayuda de una tabla.
   b) ¿Cómo te imaginas las risas? Intenta imitarlas.
   c) Ahora compara a las dos parejas. ¿Cuál de las dos te cae mejor? ¿Por qué?
3. Analiza cómo la manera de presentar a las cuatro chicas dirige la simpatía del lector.
4. Compara los resultados de la tarea 3, página 7 con la imagen de la casa descrita en esta viñeta.

Gil compraventa[1] de muebles

El dueño de la tienda de usado[2] es un viejo. Una vez le compramos un refrigerador usado, y Carlos le vendió una caja de revistas por un dólar. La tienda es chica[3], sólo tiene una ventana sucia para la luz. El no enciende la luz a menos que traigas dinero para comprarle, así que Nenny y yo vemos toda clase de cachivaches[4] en la oscuridad. Mesas con las patas para arriba, y filas y filas de refrigeradores con esquinas redondas, y sillones que hacen girar el polvo[5] en el aire cuando les pegas y cien televisores que tal vez no sirven. Todo está encimado[6], así que toda la tienda es de pasillitos muy angostos[7] para caminarla y puedes perderte bien fácil.

El dueño, él es un negro que no habla mucho y si no conoces bien puedes estar allí mucho tiempo antes de que tus ojos descubran unos anteojos[8] de oro flotando en la oscuridad. Nenny, que se cree muy lista y platica[9] con cualquier viejo, le hace montones de preguntas. Yo a él nunca le dije nada, nada más cuando le compré la Estatua de la Libertad por un *dime*[10].

1 la compraventa: An- und Verkauf
2 la tienda de usado: tienda donde se venden objetos usados
3 chico/-a: *amer.* pequeño/-a
4 los cachivaches: objetos sin valor
5 el polvo: Staub
6 encimado/-a: aufeinander gestapelt
7 angosto/-a: estrecho/-a
8 los anteojos: las gafas
9 platicar: *mex.* hablar
10 dime: moneda estadounidense (10 US-Cents)

Pero a Nenny, la oigo preguntarle qué es esto, y el hombre dice: Esto, esto es una caja de música, y yo me volteo[1] rápido pensando que él quiere decir una preciosa caja que tiene flores pintadas y una bailarina adentro. Pero no hay nada de eso en lo que el viejo señala; sólo una caja de madera que es vieja y tiene un enorme disco de latón[2] con agujeros. Entonces él la echa a andar[3] y empiezan a suceder muchas cosas, como si de repente soltara un millón de polillas[4] sobre los muebles polvosos y en las sombras como cuello de cisne[5] y en nuestros huesos. Es como gotas de agua. O como marimbas[6], pero con un curioso sonidito punteado[7], como si recorrieras tus dedos sobre los dientes de un peine metálico.

Y entonces no sé por qué, tengo que voltearme y fingir que la caja no me importa para que Nenny no pueda ver qué estúpida soy. Pero Nenny, que es más estúpida, ya está preguntando cuánto vale y veo sus dedos buscando las monedas en los bolsillos de sus pantalones.

Esto, dice el viejo cerrando la tapa, esto no se vende.

1 voltearse: *amer.* darse la vuelta, volverse
2 el latón: Messing
3 echar a andar: poner en marcha
4 la polilla: Motte
5 el cuello de cisne: Schwanenhals
6 la marimba: Art Xylophon
7 el sonidito punteado: *etwa* gezupfter Ton

Meme Ortiz

Meme Ortiz se mudó a la casa de Cathy cuando su familia se cambió[1]. Ni se llama realmente Meme. Su nombre es Juan. Pero cuando le preguntamos cómo se llamaba dijo que Meme, y así es como le dicen todos menos su mamá.

Meme tiene un perro de ojos grises, un pastor[2] con dos nombres, uno en inglés y uno en español. El perro es grande, como un hombre vestido con traje de perro, y corre del mismo modo que su dueño, torpe[3] y loco y con los brazos y piernas sueltos como zapatos desabrochados[4].

El padre de Cathy construyó la casa a la que se mudó Meme. Es de madera. Adentro los pisos están inclinados[5]. Algunos cuartos van de subida, otros de bajada. Y no hay clósets[6]. En el frente hay veintiún escalones, todos ladeados[7] y salientes[8] como dientes chuecos[9] (están así adrede[10], dijo Cathy, para que la lluvia resbale hacia afuera), y cuando la mamá de Meme lo llama desde la puerta, Meme trepa gateando[11] los veintiún escalones de madera con el perro de los dos nombres tras él.

1 cambiarse: *aquí* mudarse a otra ciudad
2 el pastor: Schäferhund
3 torpe: ungeschickt
4 desabrochado/-a: *hier* mit offenen Schnürsenkeln
5 inclinado/-a: schräg, schief
6 el clóset: el WC
7 ladeado/-a: schief, ungleich
8 saliente: vorspringend, hervorstehend
9 chueco/-a: schief, krumm
10 adrede: a propósito, con intención
11 trepar gateando: *hier* hochkrabbeln

En la parte de atrás hay un patio, casi todo tierra, y un montón de tablas grasosas[1] que alguna vez fueron garaje. Lo que más recuerdas es el árbol, enorme, con ramas gordas y poderosas familias de ardillas[2] en las ramas más altas. Todo alrededor, la vecindad de techos enchapopotados de dos aguas[3], y en sus desagües[4], las pelotas que jamás regresaron a la tierra. Abajo en el tronco del árbol, el perro de dos nombres ladra al aire vacío, y allá al final de la cuadra[5], más pequeña aún, nuestra casa sentada sobre patas dobladas como un gato.

Este es el árbol que escogimos para el Primer Concurso Anual de Saltos de Tarzán. Meme ganó. Y se rompió los dos brazos.

1 un montón de tablas grasosas: ein Haufen glitschiger Bretter
2 la ardilla: Eichhörnchen
3 los techos enchapopotados de dos aguas: *etwa* geteerte Satteldächer
4 el desagüe: Dachrinne
5 la cuadra: Häuserblock

Louie, su prima y su primo

Bajo la casa de Meme hay un sótano[1] que su mamá arregló y rentó[2] a una familia puertorriqueña. La familia de Louie. Louie es el mayor de una familia de hermanitas. En realidad es el amigo de mi hermano, pero yo sé que tiene dos primos y que sus camisetas nunca se quedan metidas dentro de sus pantalones.

La prima de Louie es mayor que nosotros. Vive con la familia de Louie porque su propia familia está en Puerto Rico. Se llama Marín o Marís o algo así, y lleva medias[3] oscuras todo el tiempo y montón de maquillaje que le dan gratis porque vende Avon[4]. No puede salir —la hace de nana[5] de las hermanitas de Louie— pero se queda en la puerta mucho rato, canta y canta la misma canción tronando[6] los dedos:

Apples, peaches, pumpkin, pa-ay.
You're in love and so am ah-ay.

Louie tiene otro primo. Lo vimos sólo una vez, pero valió la pena. Estábamos jugando volleyball en el callejón cuando él llegó en un enorme Cadillac amarillo con llantas de cara blanca[7] y una mascada[8] amarilla amarrada al espejo. El

1 el sótano: *hier* Kellerwohnung
2 rentar: *amer.* alquilar
3 las medias: Nylonstrümpfe
4 Avon: marca de productos cosméticos
5 la hace de nana: trabaja de babysitter
6 tronar los dedos: mit den Fingern schnipsen
7 las llantas de cara blanca: *etwa* weiße Reifen
8 la mascada: *mex.* el pañuelo

primo de Louie traía el brazo afuera de la ventanilla. Pitó[1] un par de veces y un montón de caras miraron desde la ventana trasera de la casa de Louie y luego un montón de gente salió —Louie, Marín y todas las hermanitas.

Todo mundo miró al interior del auto y preguntó de dónde lo había sacado. Tenía alfombras blancas y asientos de piel blanca. Pedimos una vueltecita y preguntamos dónde lo consiguió. El primo de Louie dijo: súbanse.

Cada uno tuvimos que sentarnos con una hermanita de Louie en las piernas, pero no nos importó. Los asientos eran grandes y suavecitos como un sofá, y en el cristal de atrás había un gatito blanco que encendía los ojos cuando el auto se detenía o daba vuelta. Los cristales de las ventanillas no se levantaban como en los autos ordinarios, sino que había un botón que lo hacía por ti automáticamente. Recorrimos el callejón y todo alrededor de la cuadra seis veces, pero el primo de Louie dijo que nos iba a regresar a pie si no dejábamos de jugar con las ventanillas y de apretar los botones del radio FM[2].

A la séptima vez que entramos en el callejón oímos unas sirenas ... muy quedito al principio, pero después más fuerte. El primo de Louie paró el auto allí mismo donde estábamos y dijo: afuera todos. Entonces despegó[3], convirtiendo aquel auto en un borrón[4] amarillo. Nosotros casi no tuvimos tiempo ni de pensar cuando la patrulla[5] entró en el callejón igual de rápido. Vimos el Cadillac amarillo al final de la cuadra tratando de voltear a la izquierda, pero nuestro callejón es

1 pitar: *hier* hupen
2 el radio FM: UKW-Radio
3 despegar: *aquí* irse muy rápido
4 el borrón: *hier* Schimmer
5 la patrulla: *aquí* el coche de policía

demasiado estrecho y el auto se estrelló[1] contra un poste de la luz[2].

Marín gritó y corrimos a la esquina donde la sirena de la patrulla hacía girar un mareo azul. La trompa[3] de aquel Cadillac amarillo estaba toda corrugada[4] como la de un cocodrilo, y salvo por un labio sangrante y la frente magullada[5], el primo de Louie estaba *okay*. Le pusieron esposas[6] y lo metieron en el asiento trasero de la patrulla, y todos levantamos las manos para despedirlo cuando se lo llevaron.

1 estrellarse contra a/c: chocar contra a/c
2 el poste de la luz: Laternenpfahl
3 la trompa: la nariz
4 corrugado/-a: *hier* faltig
5 magullado/-a: gequetscht
6 las esposas: Handschellen

Marín

El novio de Marín está en Puerto Rico. Nos enseña sus cartas y nos hace prometer no decirle a nadie que se van a casar cuando ella vaya a P.R. Dice que él todavía no consigue trabajo, pero ella está guardando[1] el dinero que gana vendiendo Avon[2] y cuidando a sus primitas.

Marín dice que si se queda el año que entra[3], va a conseguir un trabajo de a de veras[4] en el centro porque allí están las mejores chambas[5], porque siempre tienes que verte bonita[6] y vestir ropa buena y puedes encontrar en el metro a alguien que a lo mejor se casa contigo y te lleva a vivir en una casa muy grande y lejos.

Pero el año próximo los padres de Louie van a mandarle a Marín a su madre con una carta diciéndole que da mucha guerra[7], y eso está re[8] mal porque Marín me cae bien. Es mayor y sabe un chorro de[9] cosas. Ella nos contó cómo quedó embarazada la hermana de Davey the Baby, y cuál crema es la mejor para quitar el bigote[10], y si cuentas las manchitas blancas de tus uñas[11] sabes cuántos muchachos

1 guardar: *aquí* ahorrar
2 Avon: marca de productos cosméticos
3 el año que entra: *mex.* el año que viene, el próximo año
4 un trabajo de a de veras: un verdadero empleo
5 la chamba: *mex. fam.* Job
6 verse bonito/-a: estar guapo/-a
7 dar guerra: causar problemas
8 re: *aquí* muy
9 un chorro de: *fam.* muchos/-as
10 el bigote: (*hier* Damen-)Bart
11 la uña: Fingernagel

están pensando en ti y un montonal de otras cosas que ahorita no recuerdo.

Nunca vemos a Marín hasta que su tía regresa del trabajo, y entonces sólo la dejan quedarse en frente[1]. Cada noche allí está con el radio. Cuando la luz de la recámara[2] de su tía se apaga, Marín prende un cigarrillo y no importa si hace frío o si el radio no funciona o no tenemos nada que contarnos. Lo que importa, dice Marín, es que los muchachos nos vean y nosotros los veamos. Y como las faldas de Marín son más cortas y más bonitos sus ojos, y como Marín es en muchas formas mayor que nosotras, los muchachos que pasan dicen estupideces como estoy enamorado de esas dos manzanas verdes que llamas ojos, ándale[3] regálamelos. Y Marín nomás[4] se les queda viendo, sin parpadear[5] siquiera, y no le da miedo.

Marín, bajo la luz de la calle, bailando sola, canta la misma canción en algún lado. Lo sé. Espera a que un carro se detenga, una estrella caiga, alguno[6] que cambie su vida.

1. Apunta de manera estructurada lo que llegas a saber de Marín.
2. Imagínate que eres (a) Esperanza o (b) la tía de Marín. ¿Qué opinas de ella?
3. Analiza el comportamiento de Marín. Ten en cuenta cómo se comporta delante de otros y qué espera del futuro.

1 en frente: *aquí* delante de la casa
2 la recámara: *mex.* el dormitorio
3 ándale: *mex.* na los, komm schon
4 nomás: *mex.* sólo
5 parpadear: blinzeln
6 alguno: *aquí* alguien, algún hombre

Los que no

Los que no saben llegan a nuestro barrio asustados. Creen que somos peligrosos. Piensan que los vamos a asaltar[1] con navajas[2] brilladoras[3]. Son tontos que se han perdido y caen aquí por equivocación[4].

Pero no tenemos miedo. Conocemos al muchacho con el ojo chueco[5]; es el hermano de Davey the Baby, y el altote[6] junto a él con sombrero panameño es el Eddie V. de Rosa, y el grandote que parece un viejo zonzo[7] es el Fat Boy, aunque ya no esté gordo ni sea niño.

Todo moreno[8] por todos lados, estamos seguros. Pero en un barrio de otro color nuestras rodillas comienzan a temblar[9] traca traca y subimos[10] las ventanillas de nuestros carros[11] hasta arriba y nuestros ojos miran al frente[12]. Sí. Así es.

1 asaltar: atacar
2 la navaja: el cuchillo
3 brillador/a: que brilla, brillante
4 por equivocación: aus Versehen
5 con el ojo chueco: *etwa* mit dem schiefen Auge
6 el altote, el grandote: *fam.* el chico alto
7 zonzo/-a: *fam.* estúpido/-a, tonto/-a
8 moreno/-a: *aquí* de piel morena (= de origen hispanoamericana)
9 temblar (e>ie): zittern
10 subir: *aquí* cerrar
11 el carro: *amer.* el coche
12 al frente: *hier* nach vorne

1. Lee el texto e imagina que eres
   a) un/a turista que se ha perdido en el barrio de Esperanza o
   b) Esperanza, que se ha perdido en un barrio "de otro color" (l. 11).

   Apunta tus observaciones, pensamientos y sentimientos.
2. Interpreta el grado de integración de los hispanos en los Estados Unidos, tal como se puede desprender del texto.

Había una viejita que tenía tantos niños que no sabía qué hacer

Los escuincles[1] de Rosa Vargas son demasiado y demasiados. No es su culpa, sabes, sino que es la madre y una sola contra tantos.

Son malos esos Vargas, y cómo van a ponerle remedio[2] con sólo una madre que está siempre cansada de abotonar[3], y embotellar[4], y chiquear[5], y que llora todos los días por el hombre que se largó sin dejarles ni un dólar para jamón o una notita diciéndoles por qué.

Los niños doblan[6] árboles y rebotan[7] entre los carros y se cuelgan[8] de las rodillas arriba y abajo y casi se rompen como vasijas[9] de museo que no se pueden reponer. Les parece chistoso[10]. No tienen respeto por cosa viviente alguna incluyéndose a sí mismos.

A la larga[11] se aburre una de andar preocupándose por niños que ni son de uno[12]. Un día están jugando "atrévete"[13] en el techo de Mr. Benny. Mr. Benny dice: hei, escuincles,

1 el escuincle: *mex.* el niño
2 ponerle remedio a a/c: einer Sache abhelfen
3 abotonar: *aquí* vestir, poner ropa
4 embotellar: *aquí* preparar la comida
5 chiquear: *aquí* cuidar de los niños
6 doblar: *hier* abknicken
7 rebotar: hin- und herhüpfen
8 colgarse (o>ue): sich hängenlassen
9 la vasija: Gefäß
10 chistoso/-a: *mex.* divertido/-a
11 a la larga: *fam.* después de algún tiempo
12 que ni son de uno: que no son los propios (hijos)
13 jugar "atrévete": *etwa* eine Mutprobe machen

¿no se les ocurre algo menos peligroso que treparse[1] allá arriba? Bájense. Se me bajan orita mesmo[2] pero ya. Y ellos sólo escupen.

Ven[3]. Eso es lo que quiero decir. Con razón todos se dan por vencidos[4]. Nomás se descuidaron un segundo[5] cuando Efrencito se rompió los dientes de chivo[6] en el parquímetro[7], y ni siquiera evitamos que a Refugia se le quedara atorada[8] la cabeza entre dos barrotes[9] en la reja[10] de atrás, y nadie levantó la vista hacia el cielo el día que Angel Vargas aprendió a volar y cayó del cielo como dona[11] de azúcar, igualito que estrella fugaz[12], y explotó en el suelo sin ni siquiera un "Ay."

1 treparse: klettern
2 orita mesmo: *mex. fam.* ahora mismo
3 ven: *hier* sehen Sie
4 con razón todos se dan por vencidos: *etwa* es ist kein Wunder, dass alle es aufgegeben haben
5 nomás se descuidaron un segundo: *etwa* sie haben einfach nicht aufgepasst
6 los dientes de chivo: Hasenzähne
7 el parquímetro: Parkuhr
8 quedarse atorado/-a: *hier* steckenbleiben
9 el barrote: *hier* Gitterstange
10 la reja: *hier* vergittertes Gartentor
11 la dona: Donut
12 la estrella fugaz: Sternschnuppe

Alicia que ve ratones

Cierra los ojos y verás que se van, le dice su padre, tú nomás[1] imaginas. Además, la obligación de la mujer es dormir para que pueda levantarse temprano con la estrella de la tortilla, la que sale justo al tiempo que te levantas y en el rincón de tus ojos alcanzas a ver unas patitas traseras[2] que se ocultan detrás del fregadero[3], debajo de la bañera de cuatro garras[4], bajo las duelas[5] hinchadas que nadie compone[6].

Alicia, huérfana[7] de madre, lamenta que no haya alguien mayor que se levante a hacer las tortillas para el lonche[8]. Alicia, que de su madre heredó[9] el rodillo de amasar[10] y lo dormilona, es joven y lista y estudia por primera vez en la universidad. Dos trenes y un autobús, porque no quiere pasar su vida en una fábrica o tras un rodillo de amasar. Es una buena chica, mi amiga, estudia toda la noche y ve ratones, los que su padre dice que no existen. No le tiene miedo a nada, excepto a esas pielecitas[11] de cuatro patas. Y a los papás.

1 nomás: *mex.* sólo
2 la pat(it)a trasera: Hinterpfote
3 el fregadero: Spüle, Spülbecken
4 la garra: *aquí* el pie
5 la duela: *mex.* Latte (des Holzbodens)
6 componer: *aquí* reparar, arreglar
7 el/la huérfano/-a: Waise
8 el lonche: *mex.* la comida (del inglés "lunch")
9 heredar: erben
10 el rodillo de amasar: *mex.* Nudelholz
11 la pielecita: *etwa* Fellknäuel

Darius y las nubes

Nunca acabas de llenarte de cielo. Puedes dormirte y amanecer[1] borracho de cielo, y el cielo puede cuidarte cuando andas triste. Aquí hay demasiada tristeza y no bastante cielo. También hay poquitas mariposas, flores y casi todas las cosas que son bellas. A pesar de eso, hacemos lo mejor con lo que tenemos.

Darius, al que no le gusta la escuela, el que es estúpido a veces y casi siempre un bufón[2], hoy dijo algo sabio, aunque los más de[3] los días se queda callado. Darius, el que persigue a las niñas con cuetes[4] o con un palo[5] que tocó una rata y se cree malvado[6], hoy señaló hacia arriba porque el mundo estaba lleno de nubes, de las que parecen almohadas[7].

¿Ven todos esa nube, la gorda esa?, dijo Darius, ¿ven eso? ¿Dónde? La que está al lado de la que parece palomita de maíz[8]. Esa mera[9]. Mírenla. Es Dios, dijo Darius. ¿Dios? preguntó alguien chiquito[10]. Dios, dijo él, y lo hizo fácil.

1 amanecer (c>zc): *aquí* despertarse
2 el bufón: el clown
3 los más de: *fam.* la mayoría de
4 el cuete: *hier* Knallkörper, Kracher
5 el palo: Stock
6 malvado/-a: muy malo/-a, infame
7 la almohada: Kopfkissen
8 la palomita de maíz: Popcorn
9 esa mera: precisamente esa
10 chiquito/-a: *amer.* pequeño/-a

Y alguna más

Digo que los esquimales[1] tienen treinta nombres distintos para la nieve. Lo leí en un libro.

Tengo una prima, dice Rachel, que tiene tres nombres diferentes.

Cómo va a haber treinta clases de nieve diferentes, dice Lucy. Hay dos: la limpia y la sucia. Sólo dos.

Hay millonsísimos, dice Nenny, no hay dos que sean igualitas. Lo único es ¿cómo sabes cuál es cuál?

Ella tiene tres apellidos y, déjame ver, dos nombres. Uno en inglés y otro en español …

Y las nubes tienen por lo menos diez nombres diferentes, digo yo.

¿Nombres para las nubes?, pregunta Nenny, ¿nombres como tú y como yo?

Esa de allí arriba, ésa es cúmulus, y todos miran hacia arriba.

Las cúmulus son bien monas[2], dice Rachel. Tenía que decir algo así.

¿Qué es ésa de allá?, pregunta Nenny apuntando con el dedo.

También es cúmulus. Hoy todas son cúmulus. Cúmulus, cúmulus, cúmulus.

No, dice ella. Esa de allí es Nancy, conocida también como Ojo de Puerco[3]. Y más allá su prima Mildred, y Joey el Chiquito, Marco, Nereida y Sue.

1 el esquimal: Eskimo
2 mono/-a: *fam.* niedlich, süß
3 Ojo de Puerco: *vulg. etwa* Schweinsgesicht

Hay toda clase de nubes. ¿Cuántas clases diferentes de nubes crees que hay?

Bueno, para empezar hay esas que parecen crema de rasurar[1].

¿Y las que parecen que les peinaste el pelo? Sí, esas también son nubes.

Phyllis, Ted, Alfredo y Julie …

Hay muchas nubes que parecen campos grandísimos de borreguitos[2], dice Rachel. Son mis preferidas.

Y no olviden las nubes nimbus de lluvia, digo yo, eso sí que es algo.

José y Dagoberto, Alicia, Raúl, Edna, Alma y Rickey …

Y luego está esa nube ancha algodonosa[3] que parece tu cara cuando despiertas después de haberte dormido con tu ropa puesta.

Reynaldo, Angelo, Albert, Armando, Mario …

Mi cara no. Se parece a tu gorda cara, gorda.

Rita, Margie, Ernie …

¿Cara gorda de quién?

La carota[4] gorda de Esperanza, esa mera[5]. Se parece a la cara fea de Esperanza cuando llega a la escuela en la mañana.

Anita, Stella, Dennis y Lolo …

¿A quién le dices fea, fea?

Richie, Yolanda, Héctor, Stevie, Vicente …

A ti no, a tu madre. Esa mera.

¿Mi madre? No se te ocurra ni decir su nombre, Lucy Guerrero. Más te vale no hablar de ese modo … o puedes irte despidiendo para siempre de ser mi amiga.

1 la crema de rasurar: la crema de afeitar
2 el borreguito: el cordero, la oveja
3 algodonoso/-a: *hier* (an)geschwollen, aufgedunsen
4 la carota: *vulg.* la cara
5 esa mera: precisamente esa

Digo que tu madre es fea como … humm … ¡Como pies descalzos en septiembre!

¡Basta! Sáquense[1] las dos de mi patio antes de que llame a mis hermanos.

Ay, si nomás[2] estamos jugando.

Se me ocurren treinta palabras esquimales para ti, Rachel. Treinta palabras que dicen lo que eres.

¿Ah sí? Bueno, yo puedo pensar en algunas más.

Vaya, vaya, Nenny, mejor te traes la escoba[3]. Hoy hay demasiada basura en nuestro patio.

Frankie, Licha, María, Pee Wee …

Nenny, mejor le dices a tu hermana que está bien loca porque Lucy y yo nunca vamos a volver aquí. Jamás de los jamases.

Reggie, Elizabeth, Lisa, Louie …

Puedes hacer lo que te dé la gana, Nenny, pero más te vale no hablarle a Lucy ni a Rachel si quieres seguir siendo mi hermana.

¿Sabes lo que eres, Esperanza? Eres como avena sin leche[4]. Eres como los mazacotes[5].

Sí, y ustedes son chinches[6], eso es lo que son.

Labios de pollo.

Rosemary, Dalia, Lily …

Mermelada de cucarachas.

Jean, Geranium y Joe …

Frijoles[7] fríos.

Mimi, Michael, Moe.. .

Los frijoles de tu madre.

1 sacarse: *aquí* largarse, irse
2 nomás: *mex.* sólo
3 la escoba: Besen
4 la avena sin leche: *etwa* Haferflocken ohne Milch
5 el mazacote: *hier* Breiklumpen, Klümpchen
6 el chinche: Wanze
7 el frijol: Bohne

Los dedos de pie de tu mamá fea.
Eso es estúpido.
Bebe, Blanca, Benny …
¿A quién le estás llamando estúpida, estúpida?
Rachel, Lucy, Esperanza y Nenny.

La familia de pies menuditos

Hubo una vez una familia. Todos eran chaparritos[1]. Sus brazos y manos chiquititos[2], y su altura nada alta y sus pies de este tamañito.

El abuelo dormía en el sofá de la sala y los ronquidos[3] le salían entre los dientes. Sus pies eran gordos y masudos[4] como tamales[5] gruesos y se los polveaba[6] y los metía en calcetines blancos y zapatos de cuero café.

Los pies de la abuelita eran preciosos como perlas rosadas[7], envueltos en zapatitos de terciopelo[8] y tacón alto[9] que la hacían caminar como pollo espinado[10], pero se los ponía de todos modos porque se veían bonitos.

Los pies del niño tenían diez deditos pálidos y transparentes como de salamandra[11], y se los metía a la boca cada vez que tenía hambre.

Los pies blancos de la madre, gorditos y educados, bajaban como pichones[12] blancos del mar de almohada[13], a través de las rosas del linóleo, bajando bajando los escalones

1 chaparrito/-a: *aquí* pequeño/-a, bajo/-a
2 chiquitito/-a: *amer.* muy pequeño/-a
3 el ronquido: Schnarchen
4 masudo/-a: *hier* teigig, käsig
5 el tamal: *mex.* Maispastete
6 polvear: *mex.* pudern
7 rosado/-a: del color rosa
8 el terciopelo: Samt
9 de tacón alto: hochhackig
10 andar como pollo espinado: *etwa* wackelig gehen
11 como de salamandra: *hier* wie bei einem Molch
12 el pichón: la paloma (del inglés "pigeon")
13 la almohada: Kopfkissen

de madera, por encima de los cuadros de rayuela[1]: 5, 6, 7, cielo.

¿Quieren esto? Y nos dio una bolsa de papel con zapatos limón[2] y unos rojos y un par de zapatillas de baile que fueron blancas pero ahora son azul pálido. Tomen, y dimos las gracias y esperamos hasta que ella subiera las escaleras.

¡Viva! Hoy somos Cenicienta[3] porque nuestros pies caben exactamente, y nos reímos del pie de Rachel con un calcetín gris de niña y un zapato de mujer de tacón alto. ¿Te gustan estos zapatos? Pero la verdad es que da miedo mirar tu pie atado a una pierna larga, larga, tu pie que ya no es tuyo.

Todo mundo quiere cambalachar[4]. Los zapatos limón a cambio de los rojos, los rojos por el par que fue blanco y hoy es azul pálido, los azul pálido por los limón, y quítatelos y vuélvetelos a poner y síguele en lo mismo un largo rato hasta que nos cansemos.

En eso Lucy grita que nos quitemos los calcetines y sí, es verdad. Tenemos piernas. Flacas y con cicatrices brillosas donde nos arrancamos las costras[5], pero piernas, todas nuestras, agradables de ver y largas.

Rachel es la primera que logra caminar pavoneándose[6] toda sobre los mágicos tacones altos. Nos enseña a cruzar y descruzar las piernas y a correr como una cuerda dos veces doble[7], y cómo bajar hasta la esquina de modo que los zapatos te llamen a cada paso. Lucy, Rachel, yo, tam—tam—tam tambaleantes[8], vamos calle abajo hasta la esquina

1 los cuadros de rayuela: Hüpffelder beim Himmel-und-Hölle-Spiel
2 limón: *aquí* del color amarillo
3 Cenicienta: Aschenputtel
4 cambalachar: *fam.* cambiar
5 arrancarse las costras: *etwa* sich die Wunden aufkratzen
6 pavonearse: sich aufplustern, sich zur Schau stellen
7 una cuerda dos veces doble: *etwa* Doppelseil (beim Seilspringen)
8 tambaleante: *hier* stolpernd

donde los hombres no nos despegan[1] los ojos. Hemos de ser Navidad.

Mr. Benny en la tienda de la esquina se saca de la boca su importante puro[2]. ¿Sabe su madre que ustedes tienen zapatos desos?, ¿quién les dio eso?

Nadie.

Train peligros, dice. Son muy chiquitas para trair zapatos desos. Quítensenlos antes que llame yo a la polecía. Pero nosotras nomás corremos.

En la avenida, un muchacho en una bicicleta hecha en casa grita: lindas damitas, llévenme al cielo.

Pero no hay nadie más que nosotras.

¿Te gustan estos zapatos? Rachel dice sí, y Lucy dice sí, y sí, digo yo, éstos son los mejores. Nunca volveremos a usar de otro tipo. ¿Te gustan estos zapatos?

Frente a la lavandería seis muchachas con la misma cara gorda quieren hacernos creer que somos invisibles. Son las primas, dice Lucy, siempre son envidiosas[3]. Nosotras seguimos trotando[4] tambaleantes.

Al otro lado de la calle, frente a la cantina[5], un hombre vago[6] en el escalón de la entrada.

¿Te gustan estos zapatos?

Hombre vago dice: sí, niñita, tus zapatitos alimonados son demasiado preciosos. Pero acércate más. No puedo ver muy bien. Arrímate[7]. Por favorcito.

Eres una niña bonita, continúa hombre vago, ¿cómo te llamas, niña bonita?

Y sin más Rachel dice Rachel.

1 no despegar los ojos a alg.: den Blick nicht von jdm. lösen können
2 el puro: Zigarre
3 envidioso/-a: neidisch
4 trotar: *hier* stolzieren
5 la cantina: *mex.* el bar
6 el hombre vago: el mendigo, el vagabundo
7 arrimarse: acercarse

Tú sabes que hablar con borrachos es de locos y decirles tu nombre es lo peor, pero quién puede culparla. Rachel es joven y la marea oír[1] que le digan tantas cosas dulces en un solo día, aunque sean las palabras de whiskey de un borrachín.

Rachel, eres más bella que un taxi amarillo, ¿sabes?

A nosotras la cosa ya no nos está gustando. Tenemos que irnos, dice Lucy.

¿Si te doy un dólar me besas?, ¿qué tal un dólar? Yo te doy un dólar, y busca dinero arrugado[2] en su bolsillo.

Vámonos ya, dice Lucy tomando la mano de Rachel que parece meditar en ese dólar.

Hombre vago le grita algo al aire pero nosotras ya vamos corriendo rápido y lejos, nuestros zapatos de tacón alto llevándonos camino abajo por la avenida y alrededor de la cuadra[3], pasamos a las primas feas, pasamos la tienda de Mr. Benny, subimos a Mango Street por la parte de atrás, por si acaso.

Ya nos cansamos de ser bellas. Lucy esconde los zapatos limón y los rojos y los que fueron blancos y son ahora azul pálido, bajo una canasta[4] poderosa, hasta que un martes su mamá, que es muy ordenada, los tira. Pero nadie se queja.

1 la marea oír: *aquí* le encanta oír
2 arrugado/-a: zerknittert
3 la cuadra: Häuserblock
4 la canasta: großer Korb

Un sándwich de arroz

Los niños especiales, los que llevan llaves colgadas del cuello, comen en el refectorio[1]. ¡El refectorio! Hasta el nombre suena importante. Y esos niños van allí a la hora del lonche[2] porque sus madres no están en casa o porque su casa está demasiado lejos.

Mi casa no está muy lejos pero tampoco muy cerca, y de algún modo se me metió un día en la cabeza pedirle a mi mamá que me hiciera un sándwich y le escribiera una nota a la directora para que yo también pudiera comer en el refectorio.

Ay no, dice ella apuntando hacia mí el cuchillo de la mantequilla como si yo fuera a empezar a dar la lata[3], no señor. Lo siguiente es que todos aquí van a querer una bolsa de lonche. Voy a estar toda la noche cortando triangulitos de pan: éste con mayonesa, éste con mostaza[4], el mío sin pepinillos[5] pero con mostaza por un lado por favor. Ustedes niños sólo quieren darme más trabajo.

Pero Nenny dice que a ella no le gusta comer en la escuela —nunca— porque a ella le gusta ir a casa de su mejor amiga, Gloria, que vive frente al patio de la escuela. La mamá de Gloria tiene una tele grande a color y lo único que hacen es ver caricaturas[6]. Por otra parte, Kiki y Carlos son agentes de tránsito[7] infantiles. Tampoco quieren comer en la escuela. A

1 el refectorio: *hier* Kantine
2 la hora del lonche: *amer.* la hora de comer (del inglés "lunch")
3 dar la lata a alg.: *fam.* jdm. auf die Nerven gehen
4 la mostaza: Senf
5 el pepinillo: saures Gürkchen, Cornichon
6 la caricatura: *mex.* Zeichentrickfilm
7 el agente de tránsito: *mex.* Schülerlotse

ellos les gusta pararse afuera en el frío, especialmente si está lloviendo. Desde que vieron esa película, *300 espartanos,* creen que sufrir es bueno.

Yo no soy espartana y levanto una anémica[1] muñeca[2] para problarlo. Ni siquiera puedo inflar[3] un globo sin marearme[4]. Y además, sé hacer mi propio lonche. Si yo comiera en la escuela habría menos platos que lavar. Me verías menos y menos y me querrías más. Cada mediodía mi silla estaría vacía. Podrías llorar: ¿Dónde está mi hija favorita?, y cuando yo regresara por fin a las tres de la tarde, me valorarías.

Bueno, bueno, dice mi madre después de tres días de lo mismo. Y a la siguiente mañana me toca ir a la escuela con la carta de Mamá y mi sándwich de arroz porque no tenemos carnes frías.

Los lunes y los viernes da igual, las mañanas siempre caminan muy despacio y hoy más. Pero finalmente llega la hora y me formo[5] en la fila de los niños que se quedan a lonchar[6]. Todo va muy bien hasta que la monja que conoce de memoria a todos los niños del refectorio me ve y dice: y a ti ¿quién te mandó aquí? Y como soy penosa[7] no digo nada, nomás levanto mi mano con la carta. Esto no sirve, dice, hasta que la madre superiora[8] dé su aprobación. Sube arriba y habla con ella. Así que fui.

Espero a que les grite a dos niños antes que a mí, a uno porque hizo algo en clase y al otro porque no lo hizo. Cuando llega mi turno me paro frente al gran escritorio

1 anémico/-a: blutarm
2 la muñeca: Handgelenk
3 inflar a/c: llenar de aire a/c
4 marearse: schwindelig werden
5 formarse: *aquí* ponerse
6 lonchar: *amer.* comer
7 penoso/-a: *amer.* tímido/-a
8 la madre superiora: Mutter Oberin (*hier* die Leiterin der Schule)

con estampitas de santos[1] bajo el cristal mientras la madre superiora lee mi carta, que dice así:

> Querida madre superiora:
> Por favor permítale a Esperanza entrar en el salón comedor porque vive demasiado lejos y se cansa. Como puede ver está muy flaquita[2]. Espero en Dios no se desmaye[3].
>
> Con mis más cumplidas gracias,
> Sra. E. Cordero

Tú no vives lejos, dice ella. Tú vives cruzando el bulevar. Nada más son cuatro cuadras[4]. Ni siquiera. Quizá tres. De aquí son tres largas cuadras. Apuesto[5] a que alcanzo a ver tu casa desde mi ventana. ¿Cuál es? Ven acá, ¿cuál es tu casa?

Y entonces hace que me trepe[6] en una caja de libros. ¿Es ésa? dice señalando una fila de edificios feos de tres pisos, a los que hasta a los pordioseros[7] les da pena entrar. Sí, muevo la cabeza aunque aquella no era mi casa y me echo a llorar. Yo siempre lloro cuando las monjas[8] me gritan, aunque no me estén gritando.

Entonces ella lo siente y dice que me puedo quedar —sólo por hoy, no mañana ni el día siguiente. Y yo digo sí y por favor, ¿podría darme un Kleenex? —tengo que sonarme[9].

1 la estampa de un santo: Heiligenbild
2 flaco/-a: *aquí* delgado/-a
3 desmayarse: in Ohnmacht fallen
4 la cuadra: Häuserblock
5 apostar (o>ue) a a/c: auf etw. wetten
6 treparse en a/c: subir a a/c
7 el/la pordiosero/-a: el/la mendigo/-a, el/la vagabundo/-a
8 la monja: Nonne
9 sonarse: sich die Nase putzen

En el refectorio, que no era nada del otro mundo, un montón de niños y niñas miraban mientras yo lloraba y comía mi sándwich, el pan ya grasoso[1] y el arroz frío.

1. Resume el texto.
2. Después de hablar con la madre superiora, Esperanza come su sándwich en el refectorio y llora (p. 45, l. 1–3). ¿Qué piensa en ese momento? Escribe un monólogo interior que revele por qué está tan triste.

1 grasoso/-a: schmierig, fettig

Chanclas[1]

Soy yo, Mamá, dice Mamá. Yo abro y allí está ella con bolsas y grandes cajas, la ropa nueva y sí trajo las medias[2] y un fondo[3] que tiene una rosita y un vestido de rayas blancas y rosas. ¿Y los zapatos? Los olvidé. Ya es muy tarde. Estoy cansada. ¡Ufa! ¡Uf, híjole!

Son ya las seis y media y el bautizo[4] de mi primito terminó. Todo el día esperando, la puerta cerrada, no le abras a nadie, y yo no hasta que Mamá regresa y compra todo, excepto los zapatos.

Ahora el tío Nacho llega en su carro y tenemos que apurarnos[5] a llegar a la Iglesia de la Preciosa Sangre rápido porque allí es la fiesta del bautizo, en el sótano[6] rentado[7] este día para bailar y tamales[8] y los escuincles[9] de todos corriendo por todos lados.

Mamá baila, ríe, baila. De pronto Mamá se enferma. Abanico[10] su cara acalorada[11] con un plato de cartón. Demasiados tamales, pero tío Nacho dice demasiado de esto y se empina[12] el pulgar entre los labios.

1 la chancla: zapato viejo/usado
2 las medias: *amer.* Nylonstrümpfe
3 el fondo: *hier* Unterrock
4 el bautizo: Taufe
5 apurarse: *amer.* darse prisa
6 el sótano: Kellergeschoss
7 rentar: *amer.* alquilar
8 el tamal: *mex.* Maispastete
9 los escuincles: *mex.* los niños
10 abanicar a alg.: jdm. Luft zufächeln
11 acalorado/-a: erhitzt
12 empinarse: *aquí* poner

Todos ríen menos yo, porque estoy estrenando[1] el vestido de rayas rosa y blanco, y nueva ropa interior, y nuevos calcetines, con los viejos zapatos café con blanco que llevo a la escuela, como los que me entregan cada septiembre porque duran[2] mucho, y sí duran. Mis pies desgastados[3] y redondos y los tacones bien chuecos[4] que se ven estúpidos con este vestido, así que nomás[5] aquí sentada.

Mientras tanto ese muchacho que es mi primo de primera comunión o de algo, me pide que baile y no puedo. Únicamente escondo mis zapatos bajo la silla plegadiza[6] de metal que dice Preciosa Sangre y despego[7] un chicle café[8] que está pegado debajo del asiento. Sacudo mi cabeza: No. Mis pies van haciéndose grandes y más grandes.

Entonces el tío Nacho jala[9] y jala mi brazo y no importa qué tan nuevo es el vestido que Mamá me compró, porque mis pies están feos, hasta que mi tío que es un mentiroso dice: tú eres la más bonita de todas aquí, vas a bailar. Y yo le creo y sí, estamos bailando, mi tío Nacho y yo, aunque al principio no quiero. Mis pies se hinchan como chupones[10] pero yo los arrastro hasta el centro del piso de linóleo donde mi tío quiere presumir[11] el baile que aprendimos. Y mi tío me hace girar, y mis brazos flacos se doblan como él me enseñó, y mi madre mira, y mis primitos miran, y el muchacho que es mi primo de primera comunión mira, y todo mundo dice

1 estrenar: llevar por primera vez
2 durar: *hier* halten
3 desgastado/-a: *hier* zerschunden
4 chueco/-a: krumm, schief
5 nomás: *mex.* sólo
6 la silla plegadiza: Klappstuhl
7 despegar: quitar, desprender
8 el chicle café: brauner Kaugummi
9 jalar: tirar
10 hincharse como chupones: *etwa* anschwellen wie ein Ballon
11 presumir: *aquí* mostrar con orgullo

¡guau! ¿quiénes son esos que bailan como en el cine?, hasta que se me olvida que traigo zapatos de diario[1] café con blanco de los que compra mi mamá cada año para la escuela.

Y todo lo que oigo son los aplausos cuando la música se detiene. Mi tío y yo hacemos una reverencia y él me acompaña con mis gruesos zapatos a mi madre que se siente orgullosa de ser mi madre. Toda la noche el muchacho que ya es un hombre me mira bailar. Me miró bailar.

1 de diario: ordinario/-a, normal

Caderas[1]

Yo no soy bonita
ni lo quiero ser
porque las bonitas
se echan a perder.

Un día te despiertas y allí están. Listas y esperando como un Buick nuevo con las llaves con el motor prendido[2]. ¿Listas para llevarte a dónde?

Sirven para cargar[3] al bebé cuando estás cocinando, dice Rachel dándole más rápido a la cuerda de saltar[4]. No tiene imaginación.

Las necesitas para bailar, dice Lucy.

Si no las tienes puedes volverte hombre. Nenny lo dice y lo cree. Ella es así por su edad.

Muy bien, digo yo antes de que Lucy o Rachel se burlen de ella. Es bien tonta claro, sí, pero es mi hermana.

Pero lo más importante es que las caderas son científicas, sigo yo, repitiendo lo que Alicia ya me dijo. Por los huesos[5] puedes saber si un esqueleto fue de hombre o de mujer.

Florecen como las rosas, le sigo porque obviamente soy la única que puede hablar con alguna autoridad; la ciencia está de mi lado. Los huesos un buen día se abren. Así nomás[6]. Un

1 la cadera: Hüfte
2 prendido/-a: *amer.* en marcha
3 cargar: *aquí* llevar
4 la cuerda de saltar: Springseil
5 el hueso: Knochen
6 así nomás: *mex.* einfach so

día puedes decidir tener niños, y entonces ¿dónde los vas a poner? Deben tener espacio. Los huesos dan de sí[1].

Pero no tengas muchos porque el trasero[2] se te ensancha[3], así es la cosa, dice Rachel, cuya mamá es ancha como lancha[4]. Y nos echamos a reír.

Yo lo que pregunto es quién de las de aquí está lista. Tienes que ensayar[5] para saber qué hacer con las caderas cuando las tengas, digo yo componiéndolas al caminar. Tienes que saber cómo caminar con caderas, la práctica, tú sabes. Como si una de tus mitades quisiera ir para un lado y la otra para el otro.

Eso es mecerlo[6], dice Nenny, como arrullar[7] al bebé dormido dentro de ti. Y entonces comienza a cantar: *a la ro ro niño, a la ro ro ya, duérmase mi niño, duérmase mi amor*[8].

Estoy por decirle que es la cosa más idiota que haya oído jamás, pero mientras lo pienso. . .

Tienes que pescar el ritmo, y Lucy comienza a bailar. Sabe de qué se trata, aunque le cuesta mantener quieto su caboose[9].

Tiene que ser así nomás, digo yo. Ni muy rápido ni muy lento. Ni aprisa ni despacio.

Bajamos la rapidez de los medios círculos hasta una velocidad a la que Rachel, que acaba de entrar, pueda seguir moviéndose.

1 dar de sí: *aquí* crecer, hacerse más grande
2 el trasero: *fam.* Hintern
3 ensancharse: expandirse, hacerse más ancho/-a
4 ancha como lancha: *fam. etwa* so breit wie hoch
5 ensayar: probar, prácticar
6 mecer a alg.: jdn. wiegen
7 arullar a alg.: jdn. einlullen, in den Schlaf wiegen
8 *a la ro ro niño*: versos de una vieja canción de cuna (Wiegenlied)
9 el caboose: *hier* das Ende des Springseils

Quiero sacudirme[1] como juchi-cuchi, dice Lucy. Está loca.

Yo me quiero mover como hebí-yebí, digo yo siguiendo su ejemplo.

Quiero ser Tahiti. O merengue. O electricidad.

¡O tembeleque[2]!

Sí, tembeleque. Esa es buena.

Entonces es Rachel la que comienza:

Miren mis caderas
hagan como yo
la que no lo baile
es que se murió.

Lucy espera un minuto antes de su turno. Está pensando. Luego comienza:

Cadereo cadereo
todo baile es un meneo[3]
quizá sí, quizá no.
Ondular[4] *ondular*
las rodillas sin parar
quizá sí, quizazás.

Se equivoca en el quizá. Cuando me toca espero un poquito, respiro hondo y me aviento[5]:

1 sacudirse: *aquí* moverse
2 el temb(e)leque: Zittern
3 el meneo: el movimiento
4 ondular: *aquí* doblar, mover
5 aventarse (e>ie): *aquí* meterse, participar

Hay caderas redondas como un salvavidas[1],
otras salen cuadradas como puerta de casa,
algunas son picudas[2] *como caballo flaco.*
No me importa la forma que tengan mis caderas,
lo que quiero es tenerlas, que me aparezcan ya.

Ahora todo mundo está prendido[3] menos Nenny que todavía tararea[4] duérmase mi niño, duérmaseme ya. Así es ella.

Cuando los dos arcos[5] se abren anchos como quijadas, Nenny salta delante de mí, tic, tic la cuerda, saltando los aretitos[6] de oro que Mamá le regaló por su primera comunión. Nenny es del color de un pan de jabón para ropa, como la tejita[7] café que sobra después del lavado, el huesito duro, mi hermanita. Su boca se abre y ella comienza:

Patito, gatito[8]
color de café,
si esté no me quiere
pos[9] *luego por qué.*

Esa canción vieja no, digo yo. Tienes que hacer tu propia canción. Invéntala ¿sabes? Pero ella no entiende o no quiere. Es difícil saber cuál de las dos. La cuerda vuelta y vuelta y vuelta.

1 el salvavidas: Rettungsring
2 picudo/-a: spitz, kantig
3 prendido/-a: entusiasmado/-a
4 tararear: cantar en voz baja
5 el arco: Bogen (*hier* der beiden Springseile)
6 el aro: *hier* Ohrring
7 la tejita: *aquí* Waschlauge
8 patito, gatito…: versos de una vieja canción infantil
9 pos: pues

Dos y dos son cuatro[1]*,*
cuatro y dos son seis,
seis y dos son ocho
y ocho, dieciséis,
y ocho veinticuatro
y ocho treinta y dos,
ánimas[2] *benditas*
que se me murió.

Puedo ver que Lucy y Rachel están fastidiadas, pero no dicen nada porque ella es mi hermana.

Brinca[3] *la tablita*[4]
yo ya la brinqué.

Nenny, digo yo, pero no me oye. Ella está lejos, a muchos años luz. Ella está en un mundo al que nosotras ya no pertenecemos. Nenny. Yéndose, yéndose.

Bríncala de nuevo
yo ya me cansé.

1 dos y dos...: versos de la canción infantil "Brinca la tablita", muy conocida en el mundo hispanohablante
2 el ánima *f.*: el alma *f.*
3 brincar: saltar
4 la tabla: Brett

El primer empleo

No es que yo no quisiera trabajar. Quería. Hasta había ido a la oficina del Seguro Social el mes anterior a sacar mi número de registro[1]. Necesitaba dinero. La secundaria[2] católica cuesta un chorro[3], y Papá dijo que nadie iba a la escuela del gobierno a menos que quisiera salir mal.

Yo pensé que encontraría un empleo fácil, como los que tienen otros chicos, trabajando en un puesto de hot dogs. Y aunque todavía no comenzaba a buscar, pensé que podría hacerlo después de la semana entrante. Pero cuando regresé en la tarde toda mojada porque Tito me empujó en la llave del agua[4] —porque yo como que lo dejé[5]— Mamá me llamó a la cocina antes de que pudiera cambiarme, y tía Lala estaba allí sentada tomándose su café con una cuchara. Tía Lala dijo que había encontrado empleo para mí en la Fotografía Peter Pan de North Broadway donde ella trabajaba, y que cuántos años tenía yo, y que al día siguiente fuera al trabajo y les dijera que tenía uno más y que eso era todo.

Así que en la mañana me puse mi vestido azul marino que me hace parecer más grande y pedí prestado para el lonche[6] y para el autobús porque dijo mi tía Lala que no me pagarían hasta el viernes siguiente, y fui y agarré[7] y hablé con el jefe de la Fotografía Peter Pan de North Broadway

1 el número de registro: Sozialversicherungsnummer
2 la secundaria: *etwa* weiterführende Schule
3 costar (o>ue) un chorro: *fam.* ser muy caro/-a
4 la llave del agua: *hier* sprudelnder Wasserhydrant
5 porque yo como que lo dejé: *etwa* nur weil ich's zugelassen habe
6 pedir (e>i) prestado para el lonche: pedir dinero para la comida
7 agarré y hablé: *mex.* nada más llegar hablé

donde estaba mi tía Lala y mentí acerca de mi edad como ella me dijo y segurolas[1] ese mismo día comencé a trabajar.

En mi trabajo tenía que usar guantes[2] blancos. Tenía que poner los negativos con las fotografías. Nomás[3] ver la foto y buscarle el negativo en la tira[4], ponerlo en el sobre[5] y síguele con la que sigue. Era todo. Yo no sabía de dónde venían esos sobres o para dónde iban. Sólo hacía lo que me dijeron.

Era realmente fácil, y creo que no me habría importado hacerlo, sólo que después de un tiempo te cansabas y yo no sabía si podía sentarme o no, y entonces comencé a sentarme sólo cuando las dos mujeres cerca de mí lo hacían. Después de un tiempo comenzaron a reírse y vienen a decirme que podía sentarme cuando yo quisiera y yo les dije que ya lo sabía.

A la hora del lonche yo tenía miedo de comer sola en el comedor de la compañía con todos aquellos hombres y damas mirando, así que devoré[6] de pie en uno de los excusados[7] y me sobró mucho tiempo, por eso volví al trabajo temprano. Entonces vino el tiempo de descanso y no sabiendo a dónde ir me metí en el guardarropa porque allí había un banco.

Supongo que sería la hora de llegada del turno de la noche[8] o del medio turno porque varias personas llegaron y perforaron tarjetas en el reloj checador[9], y un hombre viejo, oriental, dijo hola y charlamos de que yo acababa de ingresar y él dijo que podríamos ser amigos y que la siguiente vez que fuera al comedor me sentara con él y me sentí mejor.

1 segurolas: *mex.* es cierto que, es seguro que
2 el guante: Handschuh
3 nomás: *mex.* sólo
4 la tira: Filmstreifen (aus Negativbildern)
5 el sobre: Umschlag
6 devorar: comer rápidamente
7 el excusado: Toilettenkabine
8 el turno de la noche: Nachtschicht
9 el reloj checador: *amer.* Stempeluhr

Tenía ojos bellos y ya no me sentí nerviosa. Entonces me preguntó si sabía qué día era y cuando respondí que no él me dijo que era su cumpleaños y que por favor le diera un beso de cumpleaños. Creí que sí porque él era tan viejo, y cuando iba a poner mis labios en su mejilla, él me agarra la cara con sus dos manos y me besa fuerte en la boca y no suelta.

Papá que se despierta cansado en la oscuridad

Se murió tu abuelito, dice Papá una mañana temprano en mi cuarto. *Está muerto,* y como si en ese momento él acabara de escuchar la noticia, mi valiente Papá se apachurra como abrigo[1], y llora, y no sé qué hacer.

Yo sé que tendrá que irse, que tomará un avión a México, allá estarán todos los tíos y tías y se tomarán una foto en blanco y negro frente a la tumba con flores en forma de lanzas en un florero blanco porque así despiden a los muertos en ese país.

Como soy la mayor, Papá me ha avisado primero y ahora me toca dar la noticia a los demás. Tengo que decirles por qué no podemos jugar. Les tendré que pedir que hoy se estén quietos.

Papá, sus gruesas manos y sus gruesos zapatos, que se despierta cansado en la oscuridad, que se peina el pelo con agua, bebe su café y antes de que despertemos ya se ha ido, hoy está sentado en mi cama.

Y yo pienso qué haría si mi propio papá muriera. Rodeo[2] a mi papá con mis brazos, y lo abrazo, lo abrazo, abrazo.

1 apachurrarse como abrigo: *aquí* doblarse por el dolor
2 rodear a alg. con los brazos: *aquí* tomar a alg. en los brazos, abrazar a alg.

Mal nacida

Lo más probable es que me iré al infierno y lo más seguro es que me lo merezco. Dice mi madre que yo nací en un día maldito y reza por mí. Rachel y Lucy también rezan. Por nosotras y por cada una … por lo que le hicimos a tía Lupe.

Su nombre era Guadalupe y era bella como mi madre. Morena oscura. Daba gusto verla. Con su vestido de Joan Crawford y sus piernas de nadadora. La tía Lupe de las fotografías.

Pero yo la sabía enferma de un mal que no se iría, sus piernas amontonadas bajo las sábanas[1] amarillas, los huesos reblandecidos como gusanos[2]. La almohada amarilla, el olor amarillo, los pomos[3] y las cucharas. Su cabeza echada atrás como una dama sedienta[4]. Mi tía, la nadadora.

Era difícil imaginar sus piernas alguna vez fuertes, los huesos duros dividiendo el agua, braceos[5] limpios y precisos, no doblados y arrugados como de bebé, no ahogándose[6] bajo la pegajosa luz amarilla. Segundo piso al fondo. Ese foco[7] desnudo. Los cielos altos. Ese foco siempre prendido[8].

Yo no sé quién decide a quién le toca salir mal. No hubo maldad en su nacimiento. Ni maldición perversa[9]. Un día,

1 la sábana: *hier* Bettdecke
2 los huesos reblandecidos como gusanos: *etwa* Knochen weich wie Regenwürmer
3 el pomo: *aquí* la botella
4 sediente/-a: con mucha sed
5 el braceo: *hier* Schwimmzug
6 ahogarse: morir por falta de aire
7 el foco: *amer.* Glühbirne
8 prender: *amer.* encender
9 la maldición perversa: böser Fluch

creo, estaba nadando y al día siguiente, zás, enferma. Pudo ser el día que le tomaron esa fotografía gris. Pudo ser el día que estaba deteniendo[1] a la prima Totchy y al bebé Frank. Pudo ser el momento en que ella señaló la cámara para que los niños voltearan[2] y ellos no quisieron.

Tal vez el cielo no vio el día en que ella cayó. Quizá Dios estaba ocupado. Quizá un día se echó un mal clavado[3] y se lastimó[4] la columna[5]. O puede que sea verdad la historia de Totchy de que se dio un porrazo[6] durísimo al caer de un banco alto.

Pero yo digo que los males no tienen ojos. Señalan con su dedo loco a cualquiera, nomás[7] a cualquiera. Como mi tía que un día iba bajando la calle con su vestido de Joan Crawford, con su sombrero chistoso de fieltro[8] con la pluma negra, la prima Totchy de una mano y el bebé Frank de la otra.

A veces uno se acostumbra a los enfermos y a veces la enfermedad, si se queda demasiado tiempo se vuelve natural. Así le pasó a ella, y quizá por esto la escogimos.

Fue un juego, eso es todo. El que jugábamos todas las tardes desde el día en que alguien lo inventó —no recuerdo quién— creo que fui yo.

Tenías que pensar en alguien que todos conocieran. Alguien a quien pudieras imitar y todos los demás tenían que adivinar de quién se trataba. Comenzó con gente famosa:

1 detener: *aquí* llevar en brazos
2 voltear: *amer.* darse la vuelta
3 echarse un mal clavado: *etwa* einen unglücklichen Kopfsprung machen
4 lastimarse: herirse
5 la columna (vertebral): Wirbelsäule, Rückgrat
6 el porrazo: *aquí* el golpe
7 nomás: *mex. aquí* simplemente
8 el sombrero de fieltro: Filzhut

la Mujer Maravilla[1], los Beatles, Marilyn Monroe.... Pero entonces alguien pensó que sería mejor si cambiábamos un poquito el juego, si pretendíamos ser Mr. Benny, o Blanca su mujer, o Ruthie, o cualquier otro conocido.

No sé por qué la escogimos. A lo mejor ese día estábamos aburridas. Nos caía bien mi tía. Oía nuestros cuentos. Siempre nos pidió que regresáramos. Lucy, yo, Rachel. A mí no me gustaba ir sola. Seis cuadras[2] hasta el departamento oscuro, segundo piso edificio del fondo donde nunca entra la luz del sol, y ¿qué más daba? Para entonces mi tía estaba ciega. Nunca veía los platos sucios en el fregadero[3]. No podía ver los techos llenos de moscas, las horribles paredes café, los pomos y las cucharas mugrosas[4]. No puedo olvidar el olor. Como cápsulas pegajosas[5] rellenas de jalea[6]. Mi tía, un ostión[7] chiquito[8], un trocito de carne en una concha abierta. Hola, hola. Como si se hubiese caído en un pozo[9].

Llevé libros de la biblioteca a su casa. Le leí cuentos. Me gustaba el libro *The Waterbabies*. A ella también le gustaba. Nunca supe qué tan enferma estaba hasta el día en que traté de enseñarle una de las ilustraciones en el libro, una preciosa imagen a colores de los niños de agua nadando en el mar. Sostuve el libro frente a su cara. No puedo verlo, dijo, estoy ciega. Y yo me avergoncé.

Escuchaba todos los libros, todos los poemas que le leía. Un día le leí uno mío. Me le acerqué mucho. Lo murmuré en su almohada.

1 la Mujer Maravilla: Wonder Woman (Comicfigur)
2 la cuadra: *amer.* Häuserblock
3 el fregadero: Spüle, Spülbecken
4 mugroso/-a: sucio/-a
5 pegajoso/-a: klebrig
6 la jalea: Gelee
7 el ostión: Auster
8 chiquito/-a: *amer.* pequeño/-a
9 el pozo: Brunnen

Yo quiero ser
como las olas del mar,
como las nubes al viento,
pero soy yo.
Un día saltaré
fuera de mi piel.
Sacudiré[1] *el cielo*
como cien violines.

Eso está bonito. Es muy bueno, dijo ella con su voz cansada. Acuérdate de seguir escribiendo, Esperanza. Debes continuar escribiendo. Te hará libre, y yo dije sí, pero en ese momento no sabía lo que quería decirme.

El día que jugamos el juego no sabíamos que ella se iba a morir. Con nuestras cabezas echadas para atrás, nuestros brazos flojos e inútiles, colgantes como de muerto, nos hicimos las muertas. Reímos como ella reía. Hablamos como ella hablaba, del modo en que los ciegos hablan sin mover la cabeza. Imitamos la forma en que teníamos que levantarle la cabeza un poquito para que pudiera beber agua, sorberla[2] lentamente de una taza verde de estaño. El agua estaba tibia[3] y sabía[4] a fierro[5]. Lucy reía. Rachel también. Tomamos turnos para ser ella. Gritamos con la débil voz de un loro[6] para que viniera Totchy a lavar aquellos platos. Era fácil.

No supimos. Había estado muriéndose por tanto tiempo que lo olvidamos. Tal vez ella se avergonzaba. Tal vez se apenaba[7] de que le tomara tantos años. Los niños que querían ser niños en lugar de lavar platos y planchar las

1 sacudir: rütteln, schütteln
2 sorber: beber lentamente
3 tibio/-a: caliente
4 saber a a/c: nach etw. schmecken
5 el fierro: *amer.* el hierro
6 el loro: el papagayo
7 apenarse: estar triste

camisas de su papá, y el marido que deseaba de nuevo tener una esposa.

Y entonces murió, mi tía que escuchaba mis poemas. Y entonces comenzamos a soñar los sueños.

Elenita, barajas, palma, agua

Elenita, brujahechicera[1], limpia la mesa con un trapo porque Ernie, por darle de comer al niño, tiró su Kool-Aid[2]. Dice: saca a ese mocoso[3] loco de aquí y tómate tu Kool-Aid en la sala. ¿No ves que estoy ocupada? Ernie se lleva al niño a la sala donde Bugs Bunny está en la tele.

Qué buena suerte que no viniste ayer, dice. Ayer los planetas estaban hechos bolas.

Su tele es grande y a colores y todos sus bonitos muebles tapizados[4] de piel roja como los ositos de peluche[5] que regalan en los carnavales. Los tiene cubiertos de plástico. Creo que es por el bebé.

Sí, qué bueno, digo yo.

Pero nos quedamos en la cocina porque aquí es donde trabaja. Tiene lleno de velas benditas[6] arriba del refrigerador, unas prendidas[7], otras no, rojas y verdes y azules, un santo de yeso[8] y una cruz de palma de domingo de ramos[9] polvosa y una estampa[10] de la mano vudú pegada a la pared.

Trae el agua, dice ella.

1 la bruja, la hechicera: Hexe
2 Kool-Aid: US-amerikanisches Getränk aus Brausepulver
3 el mocoso: *aquí fam.* el bebé
4 tapizar (un mueble): (ein Möbelstück) beziehen
5 el osito de peluche: Plüschbär
6 la vela bendita: *etwa* geweihte Kerze
7 prender: *amer.* encender
8 el yeso: Gips
9 el domingo de ramos: Palmsonntag
10 la estampa: la imagen, el dibujo

Voy al fregadero, no hay ningún vaso limpio. Tomo un tarro de cerveza[1] que dice LA CERVEZA QUE HIZO FAMOSA A MILWAUKEE, y lo lleno con agua caliente de la llave[2], luego pongo el vaso de agua al centro de la mesa como ella me enseñó.

Mira adentro. ¿Ves algo?

Pero no veo más que burbujas[3].

¿Ves la cara de alguien?

Nomás burbujas, digo yo.

Está bien, y hace el signo de la cruz sobre el agua tres veces y comienza luego a cortar las barajas[4].

No son como las cartas de juego común y corriente. Son raras, con hombres rubios a caballo y unos bates de baseball[5] loquísimos con espinas[6]. Copas de oro, mujeres tristes con vestidos muy antiguos, y rosas que lloran.

Hay una buena caricatura[7] de Bugs Bunny en la tele. Lo sé, ya la he visto y reconozco la música y me gustaría ir a sentarme con Ernie y el bebé en el sofá de plástico, pero ahora comienza mi suerte. Mi vida entera en esta mesa de cocina: pasado, presente, futuro. Luego toma mi mano y mira mi palma[8]. La cierra y también cierra los ojos.

¿Lo sientes? ¿Sientes el frío?

Sí, pero muy poquito, miento.

Bueno, dice, los espíritus están aquí. Y comienza.

1 el tarro de cerveza: Bierkrug
2 la llave: el grifo (Wasserhahn)
3 la burbuja: Luftblase
4 la baraja: la carta de juego
5 el bate de baseball: Baseballschläger
6 la espina: Dorn, Stachel
7 la caricatura: *mex.* Zeichentrickfilm
8 la palma: la parte inferior de la mano

Esta baraja, con el hombre oscuro en un caballo negro, representa los celos[1], y esta otra, pesar[2]. Aquí una columna de abejas[3] y ésta un colchón de lujo. Pronto irás a una boda y ¿tú perdiste un ancla de brazos[4]? Sí, ¿un ancla de brazos? Está claro qué eso significa.

¿Qué tal una casa?, digo yo, porque a eso vine.

Ah, sí, una casa en el corazón. Veo una casa en el corazón.

¿Eso es todo?

Es lo que veo, dice, y se levanta porque los niños están peleando. Elenita se levanta a pegarles y a abrazarlos. Realmente los quiere, nomás[5] que a veces se pasan de groseros[6].

Regresa y se da cuenta de que estoy decepcionada. Es brujahechicera y sabe muchas cosas. Si tienes dolor de cabeza frota un huevo frío por tu cara. ¿Necesitas olvidar un viejo romance? Toma una pata de pollo, átala con un listón[7] rojo, hazla girar sobre tu cabeza tres veces y luego quémala. ¿Los malos espíritus no te dejan dormir? Acuéstate junto a una vela bendita siete días, y al octavo día escupe. Y muchas otras cosas. Ahora sabe que yo estoy triste.

Puedo volver a mirar si quieres que lo haga, *baby*. Y mira de nuevo barajas, palma, agua y dice ¡Ajá!

Una casa en el corazón, yo estaba en lo cierto.

Pero no lo entiendo.

Una casa nueva, una casa hecha de corazón. Voy a prender una vela por ti.

Todo esto por los cinco dólares que le doy.

1 los celos: Eifersucht
2 el pesar: la pena
3 una columna de abejas: *etwa* Bienenwabe
4 el ancla de brazos: *etwa* Stockanker
5 nomás: *mex.* sólo
6 pasarse de grosero/-a: comportarse mal
7 el listón: *aquí* la cuerda

Gracias y adiós, y cuídate del mal de ojo[1]. Regresa un jueves, cuando las estrellas estén más fuertes. Y que la Virgen te bendiga. Y cierra su puerta.

1 el mal de ojo: böser Blick

Geraldo sin apellido

Lo conoció en un baile. Bonito el muchachito y joven. Dijo que trabajaba en un restaurante, pero ella no puede recordar en cuál. Geraldo. Eso es todo. Pantalones verdes y camisa de sábado. Geraldo. Eso fue lo que él le dijo.

¿Y cómo iba a saber que sería la última en verlo vivo? Un accidente, ¿no sabes? Pega y corre[1]. Marín, ella va a todos los bailes. Uptown. Logan. Embassy. Palmer. Aragon. Fontana. The Manor. Le gusta bailar. Se sabe las cumbias, las salsas y hasta las rancheras[2]. Y él sólo fue alguien con quien bailó. Sí, eso es. Uno que conoció esa noche. Correcto.

Esa es la historia. Eso es lo que ella dijo una y otra vez.

Una vez a los del hospital y dos veces a la policía. Ni dirección, ni nombre. Nada en sus bolsillos. ¿No es una lástima?

Sin embargo, Marín no puede explicar por qué le importó, las horas y horas, por alguien a quien ni siquiera conocía. La sala de emergencias[3] del hospital. Sólo un interno[4] trabajando todo solito. Tal vez si el cirujano[5] hubiese llegado, si él no hubiera perdido tanta sangre, si tan sólo hubiese llegado el cirujano, habrían sabido a quién avisarle y dónde.

¿Pero qué importa? El no significaba nada para ella. No era su novio ni nada por el estilo. Sólo un bracero[6] más de esos que no hablan inglés. Simplemente otro ilegal. Ya sabes

1 pega y corre: *etwa* Fahrerflucht
2 la cumbia, la salsa, la ranchera: bailes latinoamericanos
3 la sala de emergencias: Notaufnahme
4 un interno: *hier* Assistenzarzt
5 el cirujano: Chirurg
6 el bracero: Tagelöhner, Hilfsarbeiter

de cuáles. Los que siempre parecen estar avergonzados[1]. ¿Y después de todo qué andaba ella haciendo afuera a las tres de la mañana? Marín, que había sido enviada a casa con su abrigo y una aspirina, ¿cómo lo explica?

Lo conoció en un baile. Geraldo con sus pantalones verdes y brillante camisa de sábado. Geraldo yendo al baile.

¿Qué importa?

Ellos nunca vieron las cocinetas[2]. Nunca supieron de los departamentos de dos cuartos y de los cuartuchos[3] que él rentaba[4], las órdenes de pago[5] semanales enviadas a su pueblo, la casa de cambio[6]. ¿Cómo podían?

Su nombre era Geraldo. Y su casa está en otro país. Los que le sobreviven están muy lejos, se preguntarán, van a encoger los hombros, recordarán. Geraldo —ése se fue al norte… nunca volvimos a saber de él.

1. Resume el contenido de esta viñeta.
2. ¿Qué sientes después de leer la viñeta? ¿Por qué?
3. Analiza cómo el narrador genera empatía en el lector teniendo en cuenta
   – aspectos del contenido (vida y muerte de Geraldo),
   – aspectos de la técnica narrativa (perspectiva narrativa, recursos estilísticos).
4. Comenta el destino de Geraldo dentro del contexto de la inmigración de Latinoamérica a los EEUU.

1 estar avergonzado/-a: *hier* verschämt dreinblicken
2 la cocineta: *etwa* kleines Zimmer mit Kochnische
3 el cuartucho: habitación pequeña y fea
4 rentar: *amer.* alquilar
5 la orden de pago: *etwa* Überweisung
6 la casa de cambio: Wechselstube

Ruthie la de Edna

Ruthie, alta, flaca señorita con la boca pintada de rojo y pañoleta[1] azul, un calcetín azul y el otro verde porque se le olvidó, es la única persona mayor que conocemos a la que le gusta jugar. Lleva a Bobo, su perro, a pasear y se ríe sola, esa Ruthie. No necesita a nadie con quien reír, sola se ríe.

Es la hija de Edna, la dueña del edificio de al lado, tres departamentos enfrente y tres al fondo. Cada semana Edna le grita a alguien y cada semana alguien tiene que salirse. Una vez corrió[2] a una mujer encinta[3] nomás[4] porque tenía un pato ... y además era un pato bien bueno. Pero Ruthie vive allí y Edna no puede correrla porque es su hija.

Ruthie llegó un día tal[5] parece de ninguna parte. Angel Vargas estaba tratando de enseñarnos a chiflar. Oímos entonces que alguien chiflaba —tan bonito como el ruiseñor[6] del emperador— y cuando volvimos la cabeza allí estaba Ruthie.

A veces vamos de compras y nos la llevamos, pero ella nunca entra en las tiendas, y si entra se queda viendo a su alrededor como un animal salvaje que por primera vez entra a una casa.

Le gustan los dulces. Cuando vamos a la tienda de abarrotes[7] de Mr. Benny, nos da dinero para que le compremos algo. Nos pide que nos aseguremos de que sean

1 la pañoleta: Tuch
2 correr: *aquí* echar a la calle
3 encinta: embarazada
4 nomás: *mex.* sólo
5 un día tal: algún día
6 el ruiseñor: Nachtigall
7 los abarrotes: *mex.* los comestibles, los alimentos

de los suavecitos[1] porque le duelen los dientes. Entonces promete ir al dentista la siguiente semana, pero la semana llega y no va.

Ruthie ve cosas preciosas en todas partes. Puedo estarle contando un chiste y ella se para y dice: la luna es bella como un globo. O alguien puede estar cantando y ella señala unas nubes: mira, es Marlon Brando. O una esfinge[2] guiñando[3] el ojo. O mi zapato izquierdo.

Una vez vinieron unos amigos de Edna y le preguntaron a Ruthie si quería ir con ellos a jugar bingo. El motor del carro estaba en marcha y Ruthie se detuvo en los escalones dudando si ir o no. ¿Voy, Ma?, preguntó a la sombra gris tras la tela de alambre[4] del segundo piso. Me da igual, dice la tela, si quieres ve. Ruthie miró al piso. ¿Tú qué piensas, Ma? Yo qué sé, haz lo que te dé la gana. Ruthie miró al piso un poco más. El carro con el motor andando esperó quince minutos y luego se fueron. Cuando esa noche sacamos la baraja[5], le dijimos a Ruthie: tú das.

Hay muchas cosas que Ruthie hubiera podido ser, de haberlo querido. No sólo es buena para chiflar, también canta y baila. Cuando era joven tuvo montones de ofertas de trabajo, pero nunca las aceptó. En vez de eso se casó y se mudó[6] lejos a una casa bonita en las afueras de la ciudad. Lo único que no entiendo es por qué está viviendo en Mango Street si no lo necesita, por qué duerme en el sofá de la sala de su mamá si tiene una verdadera casa para ella sola, pero dice que sólo anda de visita y que la semana entrante su marido se la va a llevar a su casa. Pero los fines de semana

1 suave: *hier* weich
2 la esfinge: Sphinx
3 guiñar el ojo: zwinkern
4 la tela de alambre: Fliegengitter
5 la baraja: las cartas (de juego)
6 mudarse: cambiarse de piso o de casa

llegan y se van y Ruthie se queda. No importa. Nosotras estamos contentas porque es nuestra amiga.

Me gusta enseñarle a Ruthie los libros que saco de la biblioteca. Los libros son una maravilla, dice Ruthie, y les pasa la mano por encima como si pudiera leerlos en Braille. Son maravillosos, maravillosos, pero yo ya no puedo leer. Me da dolor de cabeza. Tengo que ir al oculista[1] la semana que entra. Antes yo escribía libros para niños, ¿no te lo dije?

Un día me aprendí de memoria "La morsa[2] y el carpintero" porque quería que Ruthie me oyera: *"El sol brillaba en el mar, brillaba con toda su fuerza …"* Ruthie miraba al cielo y a ratos se le humedecían[3] los ojos. Por fin llegué a las últimas líneas: *"pero no llegó ninguna respuesta, lo cual apenas resultaba extraño, porque se los habían comido a todos …"* Estuvo largo rato mirándome antes de abrir la boca. Entonces dijo: tienes los dientes más bonitos que jamás haya visto. Y se metió[4].

1 el/la oculista: Augenarzt/-ärztin
2 la morsa: Walross; "La morsa y el carpintero" es un poema del libro infantil *Alicia en el país de las maravillas (Alice's Adventures in Wonderland)* escrito por Lewis Carroll (1832–1898)
3 humedecerse (c>zc): *aquí* llenarse de lágrimas
4 meterse: *aquí* entrar en la casa

El Earl de Tennessee

Earl vive en la siguiente puerta, en el sótano[1] de Edna, detrás de las jardineras[2] que Edna pinta de verde cada año, detrás de los geranios polvorientos[3]. Nosotros nos sentábamos en las jardineras hasta el día en que Tito vio una cucaracha con una mancha de pintura[4] verde en la cabeza. Ahora nos sentamos en los escalones que doblan hacia el departamento del sótano donde vive Earl.

Earl trabaja de noche. Sus persianas[5] están siempre cerradas durante el día. A veces sale y nos dice que nos estemos quietos. La puertita de madera cerrada a piedra y lodo[6] que ha conservado la oscuridad se abre con un suspiro y deja escapar una bocanada[7] de moho[8] y humedad como de libros que se han quedado afuera en la lluvia. Es la única ocasión en que vemos a Earl además de cuando va y viene del trabajo. Tiene dos perritos negros que lo acompañan a todas partes. No caminan, como todos los perros, sino que brincan[9] y hacen machincuepas[10] como un apóstrofe y una coma.

De noche, Nenny y yo oímos cuando Earl regresa de su trabajo. Primero el golpecito seco y el rechinido de la puerta

1 el sótano: *hier* Kellerwohnung
2 la jardinera: *hier* Blumenkasten
3 polvoriento/-a: staubig
4 la pintura: *hier* Malfarbe
5 la persiana: Jalousie
6 cerrar (e>ie) a/c a piedra y lodo: *loc.* cerrar a/c completamente
7 la bocanada: *hier* Wolke, Luftstoß
8 el moho: Schimmel, Moder
9 brincar: saltar
10 hacer machincuepas: *mex.* Purzelbäume schlagen

del carro[1] que se abre, luego el raspón en el concreto[2], el campanilleo[3] excitado de las placas de los collares de los perros seguido de un fuerte retintín de llaves, y finalmente el quejido de la puerta de madera que se abre y libera su bocanada de humedad.

Earl es reparador de sinfonolas[4]. Dice que aprendió su oficio en el sur. Habla con acento sureño, fuma puros[5] gordos y usa sombrero de fieltro[6] —invierno o verano, frío o calor, no le hace— un sombrero de fieltro. En su departamento hay cajas y cajas de discos de 45, húmedos y enmohecidos como el olor que sale de allí cada que abre. Nos regala todos los discos menos los de *country* y *western*.

Dicen que Earl está casado y tiene una mujer en alguna parte. Edna dice que la vio una vez que Earl la trajo a su departamento. Mamá dice que es una cosa flaca, rubia, pálida como las salamandras[7] que nunca han visto el sol. Pero yo también la vi una vez y no es así para nada. Y los muchachos de enfrente dicen que es una señora alta y pelirroja, que viste pantalones color de rosa pegaditos[8] y anteojos[9] verdes. Nunca nos ponemos de acuerdo sobre su apariencia, pero sí sabemos esto: cuando ella viene, él la lleva bien apretada del codo[10], se meten rápidamente en el departamento, cierran la puerta con llave y nunca se quedan mucho tiempo.

1 el carro: *amer.* el coche
2 el concreto: *amer.* Beton
3 el campanilleo: Gebimmel
4 la sinfonola: la jukebox
5 el puro: Zigarre
6 el sombrero de fieltro: Filzhut
7 la salamandra: Molch
8 pegadito/-a: *hier* hauteng
9 los anteojos: las gafas
10 el codo: Ellbogen

Sire

No recuerdo cuándo noté por vez primera que él, Sire, me miraba. Pero sabía que me estaba viendo. Todo el tiempo. Cada vez que yo pasaba frente a su casa. El y sus amigos sentados en sus bicicletas frente a su casa lanzando monedas. No me asustaban. Bueno, sí, pero yo no iba a permitir que se enteraran. Yo no cruzo la calle como otras chicas. Voy derechita, los ojos al frente. Pasé por enfrente. Supe que él me miraba. Tenía que demostrarme que no iba a tener miedo de los ojos de nadie, ni de los suyos. Tenía que voltear hacia atrás[1] y mirarlo con energía, una sola vez, como si él fuera de cristal. Y lo hice. Una sola vez. Pero cuando él pasó en su bicicleta miré demasiado tiempo. Miré, porque quería ser valiente, derechito a la piel de gato polvoriento[2] de sus ojos. Y su bicicleta se detuvo, chocó contra un carro[3] estacionado, chocó y yo caminé de prisa. Cuando alguien te mira así la sangre se te congela. Alguien me miró. Alguien miró. Y su tipo, su modo. El es un pandillerito[4], dice Papá, y Mamá dice que con él no hable.

Y luego llegó su novia. Lo oí llamarla Lois. Es pequeña y bonita y huele a piel de niño. La he visto correr a la tienda en lugar de él. Y una vez, cuando ella estaba parada junto a mí en la tienda de Mr. Benny, andaba descalza[5] y vi sus uñitas[6] de pies de niño descalzo todas pintadas rosita pálido pálido

1 voltear hacia atrás: *aquí* mirar hacia atrás
2 polvoriento/-a: staubig
3 el carro: *amer.* el coche
4 el pandillero: miembro de una banda (criminal)
5 descalzo/-a: sin zapatos
6 la uña: (Fuß-)Nagel

como conchitas del mar color de rosa, y huele a color de rosa como los niños. Tiene manos de niña grande y sus huesos[1] son largos como huesos de señora, y también se maquilla. Pero ella no sabe abrocharse[2] los zapatos, y yo sí.

A veces los escucho reír tarde, latas de cerveza y gatos y los árboles hablándose a sí mismos: espera, espera, espera. Sire deja que Lois monte en su bicicleta alrededor de la manzana[3], o salen a caminar juntos. Yo los miro. El la lleva de la mano y a veces se detiene a abrocharle los zapatos. Pero Mamá dice que esa clase de chicas, esas chicas, son las que se meten en los callejones[4]. Lois, la que no puede abrocharse las agujetas[5]. ¿Dónde la lleva él?

Todo dentro de mí retiene el aliento[6]. Todo en espera de explotar como la Navidad. Quiero ser toda nueva y brillante. Quiero sentarme afuera en la noche, mala, con un muchacho alrededor de mi cuello y el viento bajo mi falda. No cada noche hablarles de este modo a los árboles, asomarme[7] por la ventana, imaginar lo que no alcanzo a ver.

Una vez un muchacho me abrazó tan fuerte que en el apretón sentí la fuerza de sus brazos, pero fue en un sueño.

Sire, ¿cómo la abrazaste?, ¿fue?, ¿así?, ¿y cuando la besaste?, ¿así?

1 el hueso: Knochen
2 abrocharse: *hier* schnüren, binden
3 la manzana: *hier* Häuserblock
4 el callejón: calle estrecha y oscura
5 las agujetas: *hier* los zapatos
6 detener el aliento: die Luft anhalten
7 asomarse por a/c: sich aus etw. hinauslehnen

Cuatro árboles flaquititos

Son los únicos que me entienden. Soy la única que los entiende. Cuatro árboles flacos de flacos cuellos y codos puntiagudos[1] como los míos. Cuatro que no pertenecen aquí pero aquí están. Cuatro excusas harapientas[2] plantadas por la ciudad. Desde nuestra recámara[3] podemos oírlos, pero Nenny se duerme y no aprecia estas cosas.

Su fuerza es secreta. Lanzan feroces[4] raíces bajo la tierra. Crecen hacia arriba y hacia abajo y se apoderan de[5] la tierra entre los dedos peludos[6] de sus pies y muerden el cielo con dientes violentos y jamás se detiene su furia. Así se mantienen.

Si alguno[7] olvidara su razón de ser, todos se marchitarían[8] como tulipanes en un florero[9], cada uno con sus brazos alrededor del otro. Sigue, sigue, sigue, dicen los árboles cuando duermo. Ellos enseñan.

Cuando estoy demasiado triste o demasiado flaca para seguir siguiendo, cuando soy una cosita delgada contra tantos ladrillos[10] es cuando miro los árboles. Cuando no hay nada más que ver en esta calle. Cuatro que crecieron a pesar

1 el codo puntiagudo: spitzer Ellbogen
2 harapiento/-a: zerlumpt
3 la recámara: el dormitorio
4 feroz: *aquí* muy fuerte
5 apoderarse de a/c: tomar posesión de a/c
6 peludo/-a: haarig
7 alguno: *aquí* uno de ellos
8 marchitarse: *hier* die Köpfe hängen lassen
9 el florero: Blumenvase
10 el ladrillo: Ziegelstein

del concreto[1]. Cuatro que luchan y no se olvidan de luchar. Cuatro cuya única razón es ser y ser.

1. Dibuja los árboles descritos en esta viñeta y compara tu dibujo con los de tus compañeros de clase.
2. Analiza la imagen de los árboles, explicando lo que significan para Esperanza.
3. Esperanza sostiene que los cuatro olmos "enseñan" (p. 76, l. 15). Si tuvieras que escoger una planta –p.e. una flor, un árbol o una hierba– que te "enseñase" algo, ¿cuál escogerías? ¿Por qué?

1 el concreto: *amer.* Beton

No speak English

Mamacita es la mujer enorme del hombre al cruzar la calle, tercer piso al frente. Rachel dice que su nombre debería ser *Mamasota*[1], pero yo creo que eso es malo.

El hombre ahorró su dinero para traerla[2]. Ahorró y ahorró porque ella estaba sola con el nene-niño en aquel país. El trabajó en dos trabajos. Llegó noche a casa y salió tempranito. Todos los días.

Y luego un día Mamacita y el nene-niño llegaron en un taxi amarillo. La puerta del taxi se abrió como el brazo de un mesero[3]. Y va saliendo un zapatito color de rosa, un pie suavecito como la oreja de un conejo, luego el tobillo[4] grueso, una agitación de caderas[5], unas rosas fucsia y un perfume verde. El hombre tuvo que jalarla[6], el chofer del taxi empujarla. Empuja, jala. Empuja, jala. ¡Puf!

Floreció de súbito. Inmensa, enorme, bonita de ver desde la puntita rosa salmón de la pluma[7] de su sombrero hasta los botones de rosa[8] de sus dedos de pie. No podía quitarle los ojos a sus zapatitos.

Arriba, arriba, arriba subió con su nene-niño en una cobija[9] azul, el hombre cargándole las maletas, sus sombrereras[10]

1 la mamasota: *mex.* una mujer muy gorda/enorme
2 traer: *hier* ins Land holen
3 el mesero: el camarero
4 el tobillo: Knöchel
5 una agitación de caderas: *etwa* ein leichter Hüftschwung
6 jalar: tirar
7 la punta de la pluma: Federspitze
8 el botón de rosa: Rosenknospe
9 la cobija: *amer.* la manta
10 la sombrerera: caja para los sombreros

color lavanda, una docena de cajas de zapatos de satín de tacón alto[1]. Y luego ya no la vimos.

Alguien dijo que porque ella es muy gorda, alguien que por los tres tramos de escaleras[2], pero yo creo que ella no sale porque tiene miedo de hablar inglés, sí, puede ser eso, porque sólo conoce ocho palabras: sabe decir *He not here* cuando llega el propietario, *No speak English* cuando llega cualquier otro y *Holy smokes*. No sé dónde aprendió eso, pero una vez oí que lo dijo y me sorprendió.

Dice mi padre que cuando él llegó a este país comió *jamanegs*[3] durante tres meses. Desayuno, almuerzo y cena. *Jamanegs*. Era la única palabra que se sabía. Ya nunca come jamón con huevos.

Cualesquiera sean sus razones, si porque es gorda, o no puede subir las escaleras, o tiene miedo al idioma, ella no baja. Todo el día se sienta junto a la ventana y sintoniza[4] el radio en un programa en español y canta todas las canciones nostálgicas de su tierra con voz que suena a gaviota[5].

Hogar. Hogar. Hogar es una casa en una fotografía, una casa color de rosa, rosa como geranio con un chorro de[6] luz azorada. El hombre pinta de color de rosa las paredes de su departamento, pero no es lo mismo, sabes. Todavía suspira por[7] su casa color de rosa y entonces, creo, se pone a chillar[8]. Yo también lloraría.

Algunas veces el hombre se harta[9]. Comienza a gritar y puede uno oírlo calle abajo.

1 de tacón alto: hochhackig
2 el tramo de escalera: Treppenabschnitt
3 *jamanegs:* del inglés "ham and eggs" (Eier mit Speck)
4 sintonizar el radio: buscar una emisora en la radio
5 la gaviota: Möwe
6 el chorro de luz: *etwa* mucha luz
7 suspirar por a/c: sich nach etw. sehnen
8 chillar: *aquí* llorar
9 hartarse de a/c: cansarse de a/c

Ay, dice ella, ella está triste.

Oh, no, dice él, no otra vez.

¿Cuándo, cuándo, cuándo?, pregunta ella.

¡Ay, caray! Estamos en casa. Esta es la casa. Aquí estoy y aquí me quedo. ¡Habla inglés!, *speak English,* ¡por Dios!

¡Ay!, Mamacita, que no es de aquí, de vez en cuando deja salir un grito, alto, histérico, como si él hubiera roto el delgado hilito[1] que la mantiene viva, el único camino de regreso a aquel país.

Y entonces, para romper su corazón para siempre, el nene-niño, que ha comenzado a hablar, empieza a cantar el comercial[2] de la Pepsi que aprendió de la tele.

No speak English, le dice ella al nene-niño que canta en un idioma que suena a hoja de lata[3]. *No speak English, no speak English*. No, no, no. Y rompe a llorar.

1. Resume el texto.
2. Confecciona un esquema que represente la situación en la que se encuentra Mamacita.
3. Caracteriza a Mamacita, basándote en los resultados de la tarea anterior. ¡No olvides citar!
4. Comenta el comportamiento de Mamacita.
5. Discute –partiendo del texto– la importancia de la lengua en el proceso de integración.

1 el hilo: Faden
2 el comercial: *amer.* el anuncio publicitario
3 la hoja de lata: Blech

Rafaela que los martes toma jugo de coco y papaya

Los martes, el marido de Rafaela regresa tarde a casa porque es la noche que juega dominó. Entonces Rafaela, que todavía es joven pero está envejeciendo[1] de tanto asomarse[2] a la ventana, se queda encerrada bajo llave porque su marido tiene miedo de que Rafaela se escape porque es demasiado bonita para que la vean.

Rafaela se asoma a la ventana y se apoya en el codo[3] y sueña que su pelo es como el de Rapunzel. En la esquina hay música que sale del bar, y Rafaela quisiera ir allá y bailar antes de volverse vieja.

Pasa mucho tiempo y nos olvidamos de que ella está allá arriba viendo hasta que nos dice: muchachitos, ¿si les doy un dólar van a la tienda a comprarme algo? Avienta[4] un dólar arrugado[5] y siempre pide jugo[6] de coco y a veces de papaya, y nosotros se lo enviamos en una bolsa que ella descuelga[7] con una cuerda de tendedero[8].

Rafaela bebe y bebe jugo de coco y papaya los martes y quisiera que hubiera bebidas aún más dulces, y no amargas[9] como ese cuarto vacío, sino dulces dulces como la isla, como el salón de baile calle abajo donde mujeres mucho más

1 envejecer (c>zc): hacerse viejo/-a
2 asomarse: sich hinauslehnen
3 el codo: Ellbogen
4 aventar (e>ie): *aquí* echar
5 arrugado/-a: zerknittert
6 el jugo: el zumo
7 descolgar (o>ue): *aquí* bajar
8 la cuerda de tendedero: Wäscheleine
9 amargo/-a: bitter

viejas que ella tiran ojos verdes[1] con facilidad, así como quien juega a los dados, y abren casas con su llave. Y allá siempre hay alguien ofreciendo bebidas todavía más dulces, alguien que promete mantenerlas en un hilo de plata[2].

1 tirar ojos verdes: *etwa* lüsterne Blicke werfen
2 el hilo de plata: Silberfaden

Sally

Sally es la chica con ojos como Egipto y medias[1] color de humo. Los muchachos de la escuela piensan que es bonita porque su pelo es negro brillante como plumas de cuervo[2] y cuando ríe echa de golpe su pelo hacia atrás, como un chal de satín sobre sus hombros y ríe.

Su padre dice que ser tan bella es una aflicción[3]. Son muy estrictos en su religión. No les permiten bailar. Recuerda a sus hermanas y se entristece. Entonces no la deja salir. A Sally, quiero decir.

Sally, ¿quién te enseñó a pintarte los ojos como Cleopatra? Y si enrollo el pincelito con mi lengua y lo masco[4] para sacarle la puntita[5] y lo meto en la barrita[6] lodosa[7], la que está en la cajita roja, ¿me enseñarás?

Me gusta tu abrigo negro y los zapatos que te pones, ¿de dónde los sacaste? Dice mi madre que ponerse negro[8] tan joven es peligroso, pero yo quiero comprarme unos zapatos iguales a los tuyos negros de gamuza[9], igualitos a esos. Y un día, cuando mi madre esté de buen humor, quizá después de mi próximo cumpleaños, voy a pedirle que me compre también medias.

1 las medias: Nylonstrümpfe
2 la pluma de cuervo: Rabenfeder
3 la aflicción: el problema
4 mascar: masticar
5 sacar la punta: anspitzen
6 la barrita: el pastel
7 lodoso/-a: *hier* matschig
8 ponerse negro: *aquí* llevar ropa negra
9 la gamuza: *hier* Wildleder

Cheryl, la que ya no es tu amiga, desde el último jueves antes de Pascua, desde el día en que le hiciste sangrar la oreja, desde que te dijo ese nombre y de una mordida[1] te hizo un agujerote en el brazo y parecía que ibas a llorar y todo mundo estaba pendiente[2] pero no lloraste, Sally, no lloraste y desde entonces no tienes una mejor amiga con quien recargarte[3] en la cerca[4] del patio de la escuela, con quien reír, tapándose la risa con las manos, de lo que dicen los muchachos. Ya no hay quien te preste su cepillo[5].

Las historias que cuentan los muchachos en el guardarropa, no son verdad. Te recargas en la cerca del patio de la escuela con tus ojos cerrados, sola, como si nadie estuviera mirando, como si nadie te pudiera ver allí de pie, Sally, ¿en qué piensas cuando cierras así tus ojos?, ¿y por qué tienes que ir siempre derechito a casa después de la escuela? Te vuelves una Sally distinta. Te jalas[6] la falda y la enderezas[7], te borras el color azul de los párpados. No ríes, Sally. Miras a tus pies y caminas derechito a la casa de donde no puedes salir.

Sally, ¿no deseas a veces no tener que ir a casa?, ¿no te gustaría que un día tus pies siguieran caminando y te llevaran lejos de Mango Street, muy lejos, y quizá tus pies se detendrían frente a una casa bonita, con flores y grandes ventanas y escalones para que los subas de dos en dos hasta arriba donde te espera una recámara[8]? Y si abrieras la

1 de una mordida: mit einem Biss
2 estar pendiente: *aquí* estar esperando
3 recargarse en a/c: *aquí* apoyarse en a/c
4 la cerca: Zaun
5 el cepillo: (Haar-)Bürste
6 jalar: tirar
7 enderezar: *hier* glatt streichen
8 la recámara: el dormitorio

manija de la ventana[1] y dieras un empujón los postigos[2] se abrirían de pronto y todo el cielo entraría. No habría vecinos metiches[3] mirando, ni motocicletas y coches, ni sábanas y toallas y lavandería. Sólo árboles y más árboles y chorros[4] de cielo azul. Y podrías reír, Sally. Podrías dormirte y despertar sin tener que pensar nunca en quién te quiere y quién no. Podrías cerrar los ojos sin preocuparte de lo que dice la gente porque después de todo tú nunca fuiste de aquí y nadie te pondría triste y nadie pensaría que eres rara sólo porque te gusta soñar y soñar. Y nadie podría gritarte si te vieran afuera en lo oscuro recargada en un carro[5], recargada en alguien sin que alguien piense que eres mala, sin que alguien diga que está mal, sin que el mundo entero espere a que cometas un error cuando todo lo que querías, todo lo que tú querías, Sally, era amar y amar y amar y amar, y nadie podría llamar a eso una locura.

1 la manija: Riegel
2 el postigo: Fensterladen
3 metiche: *aquí* curioso/-a
4 chorros de cielo: *etwa* mucho cielo
5 el carro: *amer.* el coche

Minerva escribe poemas

Minerva es apenas un poco mayor que yo y ya tiene dos hijos y un marido que se fue. Su madre sacó adelante[1] a sus hijos solita y, por lo que se ve, sus hijas también van por ese camino. Minerva llora porque su suerte es mala suerte. Cada noche y cada día. Y reza. Pero cuando sus niños duermen después de que les ha dado de cenar *hot cakes*[2] escribe poemas en papelitos que dobla y dobla y retiene en sus manos un largo tiempo, pedacitos de papel que huelen a dime[3].

Me permite leer sus poemas. Yo la dejo que lea los míos. Siempre está triste como una casa que arde —siempre hay algo que está mal. Tiene muchos problemas, pero el más grande es su marido que se fue y sigue yéndose.

Un día se harta[4] y le dice que ya basta y basta. Allá va él patas pa'rriba. Ropa, discos, zapatos. Afuera por la ventana y cierra la puerta con candado[5]. Pero esa noche regresa y avienta[6] una piedrota por la ventana. Luego lo lamenta y ella le abre la puerta de nuevo. La misma historia.

A la siguiente semana llega azul y negra y pregunta qué puede hacer. Minerva. Yo no sé qué camino tomará. No hay nada que yo pueda hacer.

1 sacar adelante: *hier* durchbringen, großziehen
2 *hot cakes:* Pfannkuchen
3 *dime:* moneda estadounidense (10 US-Cents)
4 hartarse de a/c: cansarse de a/c
5 con candado: con cerradura, con llave
6 aventar (e>ie): *aquí* echar

Vagabundos[1] en el ático[2]

Quiero una casa en una colina como aquellas con los jardines donde trabaja Papá. Los domingos vamos. Es el día libre de Papá. Yo iba antes. Ya no. No te gusta salir con nosotros, dice Papá, ¿te estás haciendo demasiado vieja? Se está creyendo la divina garza[3], dice Nenny. Lo que no les digo es que me da vergüenza —todos nosotros mirando por la ventana como los hambrientos. Estoy harta de ver y ver lo que no puedo tener. Cuando ganemos la lotería … empieza a decir Mamá y entonces dejo de escuchar.

La gente que vive en las colinas duerme tan cerca de las estrellas que olvida a los que vivimos demasiado pegados a la tierra. No miran hacia abajo excepto para sentirse contentos de vivir en las colinas. No se tienen que preocupar por la basura de la semana pasada ni por temor a las ratas. Llega la noche. Nada los despierta como no sea el viento.

Un día voy a tener mi casa propia, pero no olvidaré quién soy ni de dónde vengo. Los vagos[4] que pasen preguntarán, ¿puedo entrar? Yo les ofreceré el ático, les diré que se queden, porque yo sé lo que es no tener casa.

1 el/la vagabundo/-a: *aquí* el/la mendigo/-a, el/la sin techo
2 en el ático: *hier* auf dem Dachboden
3 creerse la divina garza: *fam.* ser arrogante
4 el/la vago/-a: *aquí* el/la mendigo/-a, el/la sin techo

Algunos días, después de la cena, mis huéspedes[1] y yo nos sentaremos frente a la chimenea[2]. Las duelas[3] del piso más alto rechinarán[4]. El ático gruñirá[5].

¿Ratas? preguntarán mis huéspedes.

Vagos, diré yo, y seré feliz.

1 el huésped: el/la invitado/-a
2 la chimenea: Kamin
3 la duela: Holzdiele
4 rechinar: knarren
5 gruñir: *hier* knurren

Bella y cruel

Soy una hija fea. Soy la que nadie viene a buscar.

Nenny dice que no va a esperar toda su vida para que venga por ella un marido, que la hermana de Minerva dejó la casa de su madre teniendo un bebé, pero ella tampoco quiere ese camino. Quiere las cosas a su modo. Nenny tiene ojos bonitos y es muy fácil hablar así cuando eres bonita.

Mi madre dice que cuando yo crezca mi pelo polvoriento[1] se aplacará[2] y mi blusa aprenderá a mantenerse limpia, pero he decidido no crecer mansita[3] como las otras, que ponen su cuello en la tabla de picar[4] en espera de la cuchilla.

En las películas siempre hay una de labios rojos rojos que es bella y cruel. Es la que vuelve locos a los hombres y los espanta[5] con sus risas. Su poder le pertenece. Ella no lo suelta.

He comenzado mi propia guerra silenciosa. Sencilla. Segura. Soy la que se levanta de la mesa como los hombres, sin volver la silla a su lugar ni recoger el plato.

1 polvoriento/-a: staubig
2 aplacarse: *hier* seine Widerspenstigkeit aufgeben
3 manso/-a: zahm
4 la tabla de picar: Brettchen, Schneidebrett
5 espantar a alg.: asustar a alg., dar miedo a alg.

Bien águila

Yo pude haber sido alguien, ¿sabes?, dice mi madre y suspira. Toda su vida ha vivido en esta ciudad. Sabe dos idiomas. Puede cantar una ópera. Sabe reparar la tele. Pero no sabe qué metro tomar para ir al centro. La tomo muy fuerte de la mano mientras esperamos a que llegue el tren.

Cuando tenía tiempo dibujaba. Ahora dibuja con hilo y aguja[1] pequeños botones de rosa[2], tulipanes de hilo de seda. Algún día le gustaría ir al ballet. Algún día también, ver una obra de teatro. Pide discos de ópera en la biblioteca pública y canta con pulmones aterciopelados[3] y poderosos como glorias azules[4].

Hoy, mientras cuece[5] la avena[6], es Madame Butterfly hasta que suspira y me señala con la cuchara de palo[7]. Yo pude haber sido alguien, ¿sabes? Ve a la escuela, Esperanza. Estudia macizo[8]. Esa Madame Butterfly era una tonta. Menea[9] la avena. Fíjate en mis comadres[10]. Se refiere a Izaura, cuyo marido se largó, y a Yolanda, cuyo marido está muerto. Tienes que cuidarte solita, dice moviendo la cabeza.

1 con hilo y aguja: mit Nadel und Faden
2 el botón de rosa: Rosenknospe
3 con pulmones aterciopelados: *etwa* mit samtiger Stimme
4 la gloria azul: Prunkwinde (in Nord- und Zentralamerika heimische Blume)
5 cocer (o>ue) a/c: cocinar a/c, preparar a/c
6 la avena: Hafermehl
7 de palo: de madera
8 macizo *adv.*: *aquí* duramente
9 menear: *hier* umrühren
10 la comadre: *aquí* la amiga

Y luego, nada más porque sí[1]:

La vergüenza es mala cosa, ¿sabes? No te deja levantarte. ¿Sabes por qué dejé la escuela? Porque no tenía ropa bonita. Ropa no, pero cerebro sí.

¡Ufa!, dice disgustada, meneando de nuevo. Yo entonces era bien águila[2].

1. Resume lo que llegas a saber de la madre de Esperanza.
2. Explica la frase: "Yo pude haber sido alguien." (p. 90, l. 1).
3. Discute la importancia de la educación en la vida de un/a inmigrante (hispano/-a en los EEUU).
4. Busca información acerca del nivel de estudios de los hispanos en los EEUU.

1 nada más porque sí: *etwa* aus dem Nichts
2 ser bien águila: *etwa* ein schlaues Kerlchen sein

Lo que Sally decía

No me pega fuerte nunca. Dice que su mamá le unta[1] manteca[2] en todas las partes que le duelen. Y luego en la escuela dice que se cayó. De allí vienen todos sus moretones[3]. Por eso su piel está llena de cicatrices[4] siempre.

Pero quién va a creerle. Una muchacha así de grande que llega con su cara bonita toda golpeada y moreteada no puede estarse cayendo de las escaleras. El nunca me pega fuerte.

Sally no cuenta de la vez que él le dio con la mano como a un perro, dijo ella, como si yo fuera un animal. Cree que me voy a largar[5] como sus hermanas que avergonzaron a la familia. Nomás[6] porque soy hija, y luego ya no dice más.

Sally iba a pedir permiso de quedarse con nosotros un poquito y un jueves llegó con un costal[7] lleno de ropa y una bolsa de pan dulce que su madre mandó. Y se hubiera quedado, pero cuando oscureció, su padre, con los ojos chiquitos[8] de llorar, tocó la puerta y le dijo por favor regrésate, ésta es la última vez. Y ella dijo Papacito y volvió a casa.

Y ya no hizo falta que nos preocupáramos. Hasta que un día el papá de Sally la sorprendió hablando con un muchacho y al día siguiente no vino a la escuela. Ni el siguiente. Hasta

1 untar: *aquí* extender una sustancia cremosa sobre la piel
2 la manteca: Schmalz
3 el moretón: blauer Fleck
4 la cicatriz: Narbe
5 largarse: *fam.* irse, escaparse, huir
6 nomás: *mex. aquí* simplemente
7 el costal: el saco
8 chiquito/-a: *amer.* pequeño/-a

que, tal como lo cuenta Sally, entre la hebilla[1] y el cinturón[2] simplemente se le olvidó que era su padre.

No eres mi hija, tú no eres mi hija. Y entonces se perdió entre sus manos.

1 la hebilla: Gürtelschnalle
2 el cinturón: Gürtel

El jardín del mono

El mono ya no vive allá. El mono se mudó —a Kentucky— y se llevó a su gente. Y yo me puse contenta porque ya no podía oír más sus gritos salvajes en la noche, el güiri güiri[1] de las personas que eran sus dueños. La jaula[2] de metal verde, la cubierta de mesa[3] de porcelana, la familia que hablaba como guitarras. Mono, familia, mesa. Todos se fueron.

Entonces nos apoderamos[4] del jardín al que teníamos miedo de entrar cuando el mono gritaba enseñando sus dientes amarillos.

Había girasoles grandes como flores de Marte[5], y gruesas flores crestas-de-gallo[6] sangrando sus flecos[7] rojo intenso de cortinas de teatro. Había abejas vertiginosas[8] y moscas como moñitos dando saltos mortales y zumbando[9] en el aire. Arboles de duraznos[10] dulces dulces. Rosas de espinas y cardos[11] y peras. Hierbajos[12] como tantas estrellas tuertas[13] y matorrales[14] que te dan comezón[15] y comezón en los tobillos[16]

1 el güiri güiri: *etwa* sirrende Stimmen
2 la jaula: Käfig
3 la cubierta de mesa: Tischplatte
4 apoderarse de a/c: tomar posesión de a/c
5 flor de Marte: *hier* riesengroße Sonnenblumen (Marte: Mars)
6 la cresta-de-gallo: Hahnenkamm (tropische Pflanze)
7 el fleco: Franse
8 vertiginoso/-a: *aquí* que se mueve muy rápidamente
9 zumbar: summen, surren
10 el durazno: *amer.* Pfirsich(baum)
11 el cardo: Distel
12 el hierbajo: la mala hierba (Unkraut)
13 tuerto/-a: con sólo un ojo
14 el matorral: Gestrüpp
15 darle comezón a alg.: picar a alg.
16 el tobillo: Knöchel

hasta que te los lavas con agua y jabón. Había grandes manzanas verdes duras como rodillas. Y por todas partes el olor soñoliento de madera podrida, tierra empapada[1] y gruesos y polvosos *hollyhocks*[2] perfumantes como el pelo rubiazuloso de los muertos.

Arañas amarillas corrían cuando volteábamos las piedras boca arriba y gusanos[3] pálidos ciegos y temerosos de la luz se ovillaban[4] en su sueño. Mete un palo en el suelo arenoso[5]: unos cuantos escarabajos[6] de piel azul, una avenida de hormigas[7] y muchas mariquitas[8] crujientes. Esto sí que era un jardín, algo maravilloso de ver en primavera. Pero pasito a pasito, después que el mono se fue, comenzó a reponerse solito, a ganarse a sí mismo. Las flores dejaron de obedecer los ladrillitos[9] que les impedían crecer fuera de sus prados[10]. Las hierbas se metieron. Carros[11] inútiles aparecieron como hongos[12]. Primero uno y luego otro y después una *pickup* azul sin parabrisas[13]. Antes de que te dieras cuenta, el jardín del mono se llenó de carros con sueño.

Las cosas tenían un modo de desaparecer en el jardín, como si el mismo jardín se las comiera, o como si con su memoria de anciano las guardara y se le olvidara dónde. Nenny encontró un dólar y un ratón muerto entre dos rocas[14]

1 empapado/-a: húmedo/-a
2 el hollyhock: *angl.* Stockrose, Malve
3 el gusano: Wurm
4 ovillarse en a/c: enrollarse en a/c
5 arenoso/-a: sandig
6 el escarabajo: Käfer
7 la hormiga: Ameise
8 la mariquita: Marienkäfer
9 el ladrillo: Ziegelstein
10 el prado: *hier* Blumenbeet
11 el carro: *amer.* el coche
12 aparecer como hongos: *etwa* wie Pilze aus dem Boden schießen
13 el parabrisas: Windschutzscheibe
14 la roca: la piedra

en el muro de piedra donde trepaban las glorias[1] y una vez, cuando jugábamos a las escondidas, Eddie Vargas descansó la cabeza bajo un hibisco y allí cayó dormido como Rip Van Winkle[2] hasta que alguien se acordó de que estaba en el juego y regresó por él.

Esto, creo yo, es la razón por la que íbamos allí. Lejos de donde nuestras madres pudieran encontrarnos. Nosotros y unos cuantos perros viejos que vivían adentro de los carros vacíos. Una vez hicimos una casa-club en la parte trasera de la vieja *pickup* azul. Y además nos gustaba saltar del techo de un carro a otro y pretender que eran hongos gigantes.

Alguien soltó la mentira de que el jardín del mono había estado allí antes que cualquier otra cosa. Nos gustaba pensar que el jardín podría esconder cosas por mil años. Allí bajo las raíces de flores empapadas estaban los huesos[3] de piratas asesinados y de dinosaurios, el ojo de un unicornio convertido en carbón.

Aquí fue donde quise morir y lo intenté una vez pero ni siquiera el jardín del mono me quería. Fue el último día que fui.

¿Quién dijo que yo ya era muy grande para esos juegos? ¿Quién fue que no lo escuché? Yo sólo recuerdo que cuando los demás corrieron, quise correr también, arriba y abajo y a través del jardín del mono, rápido como los muchachos, no como Sally que pegaba el grito al cielo si las medias[4] se le enlodaban[5].

1 la gloria: Prunkwinde (in Nord- und Zentralamerika heimische Kletterblume)
2 Rip Van Winkle: protagonista del cuento corto del mismo nombre, escrito por Washington Irving (1783–1859), que se queda dormido bajo la sombra de un árbol y se despierta 20 años después
3 los huesos: *aquí* el esqueleto
4 las medias: Nylonstrümpfe
5 enlodarse: ensuciarse, mancharse

Yo dije ándale[1], ándale Sally, pero ella no quiso. Se quedó en la banqueta hablando con Tito y sus amigos. Tú juega con escuincles[2] si quieres, me dijo, yo aquí me quedo. Podía creerse la divina garza[3] si le daba la gana, así que me fui.

Fue su propia culpa, la verdad. Cuando regresé Sally se hizo la enojada … algo acerca de que los muchachos le habían robado sus llaves. Por favor devuélvanmelas, dijo golpeando al más cercano con un puño suavecito. Ellos se reían. También ella. Era un chiste que no entendí.

Quise regresar con los otros chamacos[4] que todavía brincaban[5] sobre los carros, todavía se correteaban[6] unos a otros a través del jardín, pero Sally tenía su propio juego.

Uno de los muchachos inventó las reglas. Uno de los amigos de Tito dijo: no puedes recuperar tus llaves hasta que nos des un beso y Sally primero fingió enojarse pero luego dijo sí. Así de sencillo.

Yo no sé por qué, pero algo dentro de mí quiso lanzar un palo[7]. Algo quería decir no, cuando vi a Sally entrar al jardín con los cuates[8] de Tito todos risueños. Era sólo un beso, eso era todo. Un beso para cada uno. ¿Y qué?, dijo ella.

¿Por qué me sentí enojada por dentro? Como si algo no estuviera bien. Sally se fue detrás de esa vieja pickup azul a besar a los muchachos y a que le regresaran sus llaves, y yo volé los tres tramos de escaleras donde vive Tito. Su madre estaba planchando camisas. Estaba rociándoles[9] agua con una botella de refresco y fumaba un cigarrillo.

1 ándale: *mex.* venga, vamos
2 el escuincle: el niño
3 creerse la divina garza: *loc.* creerse superior, ser arrogante
4 el/la chamaco/-a: *mex.* el/la chico/-a
5 brincar: saltar
6 corretearse: jugar a parar, jugar para atraparse corriendo
7 el palo: Stock
8 el cuate: *mex.* el amigo
9 rociar: mojar ligeramente

Tu hijo y sus amigos le robaron sus llaves a Sally y no se las quieren devolver si no los besa a todos y ahorita están haciéndola que los bese. Lo solté todo sin aliento[1] por los tres tramos de escaleras.

Esos mocosos[2], dijo sin despegar la vista de su planchado.

¿Eso es todo?

Y qué quieres que yo haga, dijo ella, ¿llamar a la policía? Y siguió planchando.

La miré largo rato pero no se me ocurrió qué decirle, y bajé de volada los tres tramos de escalera al jardín donde había que salvar a Sally. Tomé tres palos grandes y un ladrillo y pensé que sería suficiente.

Cuando llegué allí Sally me dijo: vete a la casa. Los muchachos dijeron: déjanos solos. Me sentí tonta con mi ladrillo. Todos me miraron como si yo fuera la loca y me morí de la vergüenza.

No sé por qué pero tuve que salir corriendo. Me escondí en lo más lejos del jardín, en la parte salvaje, bajo un árbol al que le venía guango[3] que me tirara al suelo y llorara mucho rato. Cerré mis ojos como estrellas apretadas para no llorar, pero lloré. Sentí mi cara bien caliente. Adentro de mí eran puros hipos[4].

En algún lado leí que en la India hay sacerdotes que pueden detener los latidos[5] de su corazón a voluntad. Quería que mi sangre se detuviera, que mi corazón dejara de bombear[6]. Quería estar muerta, volverme lluvia, que mis ojos se derritieran[7] en la tierra como dos caracoles negros.

1 sin aliento: außer Atem
2 el/la mocoso/-a: *fam. etwa* Rotzlöffel
3 venir guango a alg.: *mex.* dar igual a alg., no importar a alg.
4 el hipo: Schluckauf
5 los latidos: los golpes que da el corazón
6 bombear: *hier* pumpen
7 derretirse (e>i): deshacerse

Deseé y deseé. Cerré mis ojos y lo deseé, pero cuando me levanté mi vestido estaba verde y yo tenía dolor de cabeza.

Miré mis pies dentro de sus calcetines blancos y sus feos zapatos boludos[1]. Parecían estar muy lejos. Parecía que ya no eran mis pies. Y el jardín en el que había sido tan bueno jugar ya tampoco era mío.

1 boludo/-a: *aquí* redondo/-a

Payasos[1] rojos

Mentiste, Sally. No fue como tú dijiste. Lo que hizo. Donde me tocó. Yo no lo quise, Sally. Del modo en que lo dijeron, del modo que debe de ser, todos los libros de cuentos y las películas ¿por qué me mintieron?

Yo estaba esperando cerca de los payasos rojos. Estaba parada[2] junto a la vuelta al mundo[3] donde tú dijiste. Y además a mí no me gustan los carnavales[4]. Yo fui por acompañarte porque te ríes en la vuelta al mundo, echas tu cabeza para atrás y te ríes. Te guardo el cambio, agito la mano saludándote, cuento las veces que pasas. Esos muchachos que te miran porque eres bonita. Me gusta estar contigo, Sally. Eres mi amiga. Pero ese muchacho grandote, ¿dónde te llevó? Esperé eternidades. Esperé al lado de los payasos rojos, como tú dijiste, pero nunca apareciste, nunca viniste por mí.

Sally Sally cien veces. ¿Por qué no me oíste cuando te llamé? ¿Por qué no les dijiste que me soltaran? El que me agarró del brazo no me dejaba ir. Me dijo *I love you, Spanish girl, I love you,* y apretó su boca agria[5] contra la mía.

Haz que se detenga, Sally. No pude correrlos[6]. No podía hacer otra cosa que llorar. No recuerdo. Estaba oscuro. No recuerdo. No recuerdo. Por favor no me hagas contarlo todo.

1 el payaso: el clown
2 estar parado/-a: *aquí* estar esperando
3 la vuelta al mundo: *hier* Karussell mit sich um die eigene Achse drehenden Gondeln
4 el carnaval: *hier* Jahrmarkt, Volksfest
5 agrio/-a: säuerlich, sauer
6 correr a alg.: *aquí* liberarse de alg., huir de alg.

¿Por qué me dejaste sola? Esperé toda la vida. Eres una mentirosa. Todos mintieron. Todos los libros y las revistas, todos lo dijeron chueco[1]. Sólo sus uñas[2] sucias contra mi piel, sólo su olor agrio otra vez. La luna que miraba. La vuelta al mundo. Los payasos rojos riendo su risa de lengua gruesa.

Entonces los colores comenzaron a girar. El horizonte se ladeó[3]. Tennis[4] negros huyeron. Sally, tú mentiste, tú mentiste. No me soltaba. Dijo, *I love you, I love you, Spanish girl.*

1 decirlo chueco: *aquí* decir a/c de manera falsa, mentir
2 la uña: (Finger-)Nagel
3 ladearse: inclinarse
4 tennis: *aquí* las zapatillas de tenis

Rosas de linóleo

Sally se casó como sabíamos que lo haría, joven e impreparada pero casada igual. Conoció a un vendedor de malvaviscos[1] en un bazar de la escuela, y se casó con él en otro estado, donde es legal casarse antes de *high school*. Ahora tiene su marido y su casa, sus fundas de almohada[2] y sus platos. Dice que está enamorada, pero yo creo que lo hizo para escapar.

Sally dice que le gusta estar casada porque ahora puede comprarse sus cositas cuando su marido le da dinero. Está feliz, excepto algunas veces que su marido se pone furioso y una vez rompió la puerta cuando su pie pasó hasta el otro lado pero la mayoría de los días está okay. Excepto que no la deja hablar por teléfono. Y tampoco la deja asomarse[3] a la ventana. Y como a él no le gustan sus amigos, nadie viene a visitarla a menos que él esté trabajando.

Se queda sentada en casa por miedo a salir sin permiso. Mira todas las cosas que son suyas: las toallas y el tostador, el reloj despertador y las cortinas. Le gusta mirar las paredes, con qué pulcritud[4] se encuentran sus esquinas, las rosas en el linóleo del piso, el techo lisito[5] como pastel de novia[6].

1 el malvavisco: Marshmallow
2 la funda de almohada: Kopfkissenbezug
3 asomarse: sich herauslehnen
4 la pulcritud: la exactitud, la precisión
5 liso/-a: glatt, eben
6 el pastel de novia: Hochzeitstorte

1. Formad seis grupos. Cada grupo estudia una de las viñetas siguientes: "Rosas de linóleo", "Mi nombre", "Marín", "Bien águila", "Rafaela que los martes toma jugo de coco y papaya" y *"No speak English"*.
   a) Resumid lo que sabéis de la(s) mujer(es) representada(s) en la viñeta.
   b) Examinad el papel de la mujer que se refleja en la viñeta.
2. Formad grupos mixtos. Discutid y comentad el papel de la mujer inmigrante latinoamericana en los EEUU.

Las tres hermanas

Vinieron con el viento que sopla en agosto, delgadito como tela de araña[1] y casi sin que las vieran. Tres que no parecían tener relación sino con la luna. Una con risa de estaño[2] y una con ojos de gato y una con manos como porcelana. Las tías, las tres hermanas, las comadres, dijeron ellas.

La bebé murió. La hermana de Rachel y Lucy. Una noche un perro aulló[3], y al día siguiente un pájaro amarillo entró por la ventana abierta. Antes de que terminara la semana, la fiebre de la bebé empeoró. Entonces vino Jesús, tomó a la bebé y se la llevó lejos. Eso fue lo que dijo su mamá.

Luego llegaron las visitas … un puro entrar y salir de la casita. Era difícil mantener los pisos limpios. Cualquiera que se había preguntado jamás de qué color eran las paredes entraba a mirar ese pulgarcito[4] de humano en una caja como de dulces.

Yo nunca había visto a alguien muerto, no la muerte de a de veras[5], no en la sala de alguien donde la gente besaba y bendecía y encendía una vela. No en una casa. Parecía extrañísimo.

Deben haberlo sabido, las hermanas. Tenían el poder y podían sentir qué era qué. Dijeron ellas: ven acá, y me dieron un chicle. Olían a Kleenex o al interior de una bolsa de satín, y entonces ya no sentí miedo.

¿Cómo te llamas?, preguntó la de ojos de gato.

1 la tela de araña: Spinnnetz
2 el estaño: Zinn
3 aullar: heulen
4 el pulgarcito: *fig.* Däumling
5 de a de veras: auténtico/-a, verdadero/-a

Esperanza, dije yo.

Esperanza, repitió la vieja venas azules en una aguda[1] voz delgada. Esperanza ... un buen nombre, un buen nombre.

Me duelen las rodillas, se quejó la de la risa chistosa. Mañana va a llover.

Sí, mañana, dijeron.

¿Cómo lo saben?, pregunté.

Lo sabemos.

Mira sus manos, dijo la ojos de gato.

Y me las voltearon una y otra vez como si estuviesen buscando algo.

Es especial.

Sí, llegará muy lejos.

Sí, sí, hmmm.

Haz un deseo.

¿Un deseo?

Sí, pide algo, ¿qué es lo que quieres?

¿Lo que sea?, dije yo.

Sí, bueno, ¿por qué no?

Cerré los ojos.

¿Ya pediste tu deseo?

Sí, dije yo.

Bueno, eso es todo. Se te va a conceder[2].

¿Cómo lo saben?, les pregunté.

Sabemos. Sabemos.

Esperanza. La de las manos de mármol me llamó aparte. Esperanza. Tomó mi rostro[3] con sus manos de venas azulosas y me miró y me miró. Un largo silencio. Cuando te vayas siempre debes acordarte de volver, dijo ella.

¿Qué?

1 agudo/-a: *hier* hoch, spitz (Stimme, Ton)
2 se te va a conceder: se hará realidad, se cumplirá
3 el rostro: la cara

Cuando te vayas tienes que acordarte de regresar por los demás. Un círculo, ¿comprendes? Tú siempre serás Esperanza. Tú siempre serás Mango Street. No puedes borrar lo que sabes. No puedes olvidar quién eres.

No supe qué decir. Era como si ella me leyera la mente, como si supiera cuál había sido mi deseo, y me avergoncé por mi deseo tan egoísta.

Debes acordarte de regresar. Por los que no pueden irse tan fácilmente como tú. ¿Te acordarás?, preguntó como si me lo estuviera ordenando. Sí, sí, dije yo un poco confusa.

Bueno, dijo ella sobándome[1] las manos. Bueno. Eso es todo. Puedes irte.

Me levanté a alcanzar a Rachel y Lucy que ya estaban afuera esperándome junto a la puerta, preguntándose qué hacía yo con tres viejitas que olían a canela[2]. No entendí todo lo que me dijeron. Me di la vuelta. Sonrieron y se esfumaron[3] diciendo adiós con sus manos de humo.

Después no volví a verlas. Ni una vez, ni dos, ni jamás nunca.

1 sobar: *aquí* frotar
2 la canela: Zimt
3 esfumarse: desaparecer

Alicia y yo charlamos en los escalones de Edna

Alicia me cae bien porque una vez me regaló una bolsita de piel con la palabra GUADALAJARA bordada[1] encima. Guadalajara es su hogar al que un día va a regresar. Pero hoy está escuchando mi tristeza porque no tengo casa.

Vives exactamente aquí, 4006 Mango Street, dice Alicia y señala la casa que me avergüenza.

No, ésta no es mi casa, digo yo y sacudo mi cabeza[2] como si con sacudirla pudiera borrar el año que he vivido allí. Yo no soy de aquí. No quiero nunca querer ser de aquí. Tú tienes casa, Alicia, y algún día irás para allá, a una ciudad que recuerdas, pero yo, yo nunca he tenido una casa, ni siquiera en fotografía ... sólo una con la que sueño.

No, dice Alicia. Te guste o no, tú eres Mango Street, y algún día tú también volverás.

Yo no. No hasta que alguien lo mejore. ¿Y quién va a mejorarlo?, ¿el alcalde[3]?

Y la idea del alcalde viniendo a Mango Street me hace reír a carcajadas.

¿Quién lo va a hacer? El alcalde, no.

1. Describe –en pocas palabras– la situación expuesta en esta viñeta.
2. Continúa la conversación entre Alicia y Esperanza: las dos amigas siguen hablando sobre su existencia en Mango Street y sus planes para el futuro. Básate en los conocimientos adquiridos en clase.

1 bordar: sticken
2 sacudir la cabeza: decir que no con la cabeza
3 el alcalde: Bürgermeister

Una casa propia

No un piso. No un departamento[1] interior. No la casa de un hombre. Ni la de un papacito. Una casa que sea mía. Con mi porche[2] y mi almohada, mis bonitas petunias púrpura. Mis libros y mis cuentos. Mis dos zapatos esperando junto a la cama. Nadie a quien amenazar con un palo[3]. Nada que recogerle a nadie.

Sólo una casa callada como la nieve, un espacio al cual llegar, limpia como la hoja antes del poema.

1 el departamento: *amer.* el piso
2 el porche: la veranda
3 el palo: Stock

A veces Mango dice adiós

Me gusta contar cuentos. Los cuento dentro de mi cabeza. Los cuento después de que el cartero dice: aquí está su correo. Aquí está su correo, dijo.

Escribo un cuento para mi vida, para cada paso que dan mis zapatos cafés[1]. Digo: "Y subió penosamente[2] los escalones[3] de madera, sus tristes zapatos cafés llevándola a la casa que nunca le gustó."

Me gusta contar cuentos. Voy a contarte el cuento de una niña que no quería pertenecer[4].

No siempre hemos vivido en Mango Street. Antes vivimos en el tercer piso de Loomis, y antes de allí vivimos en Keeler. Antes de Keeler fue Paulina, pero lo que más recuerdo es Mango Street, triste casa roja, la casa a la que pertenezco sin pertenecerle.

Lo escribo en el papel y entonces el fantasma no duele tanto. Lo escribo y Mango me dice adiós algunas veces. No me retiene en sus brazos. Me pone en libertad.

Un día llenaré mis maletas de libros y papel. Algún día le diré adiós a Mango. Soy demasiado fuerte para que me retenga[5]. Un día me iré.

Amigos y vecinos dirán, ¿qué le pasó a esa Esperanza?, ¿a dónde fue con todos esos libros y papel?, ¿por qué se marchó tan lejos?

1 café: de color café
2 penoso/-a: con dificultad
3 el escalón: Stufe
4 pertenecer a a/c: zu etw. dazugehören
5 retener: zurückhalten, aufhalten, festhalten

No sabrán, por ahora, que me he ido para volver, volver por los que se quedaron. Por los que no.

ANEXO

LA SEÑORA DE LAS TRENZAS[1]

Por María Elena Salinas

Acapulco, México. Todos los días Leticia coloca su mesa, con cuentitas[2] de colores, florecitas y ligas, al lado de la piscina. Allí, justo debajo del árbol para protegerla de los penetrantes rayos del sol. De paso, también ayuda a que sus clientas estén más cómodas mientras les hace sus trencitas. Es un día sofocante[3] en Acapulco, pero Leticia está pensando en la ciudad de Nueva York.

Su especialidad son las trencitas que suelen usar las niñas en vacaciones playeras, y algunas no-tan-jóvenes que sueñan con lucir como Bo Derek[4] en la famosa película "10". El salón en este lujoso hotel cobra por las trencitas entre 150 y 300 pesos por cabeza, unos $15 a $30. Sin embargo, a Leticia le pagan sólo 34 pesos al día. Apróximadamente $3.40, dependiendo de cómo esté el peso frente al dólar ese día.

Platiqué[5] con Leticia mientras le hacía las trencitas a mis hijas –y de paso, unas cuantas a mí también. Me dijo que en Nueva York ganará mucho dinero porque las trenzas tienen mucho pegue[6] y son muy bien pagadas allá.

Leticia es una madre soltera que ha aprendido a hacer manicura y pedicura, al igual que cortar el pelo, hacer faciales[7] y masajes. También ha adquirido un limitado uso del inglés a través de sus conversaciones con turistas norteamericanas. Está convencida de que cuando llegue a Nueva York –donde su cuñada maneja[8] un salón de belleza– su situación económica

1 la trenza: Haarzopf
2 la cuenta: *hier* Glasperle
3 sofocante: schwül, drückend
4 Bo Derek: actriz estadounidense que actuó en la película "10, la mujer perfecta" (1979)
5 platicar: *mex.* hablar, charlar
6 tener mucho pegue: estar de moda
7 el facial: Gesichtspflege
8 manejar: *aquí* llevar, dirigir

mejorará dramáticamente y podrá darles una mejor vida a sus dos pequeños hijos en Acapulco.

Es virtualmente[1] imposible que Leticia califique para una visa[2], pero eso no le preocupa en lo más mínimo. De hecho, está convencida que todo le va a salir a la perfección. Muy pronto partirá hacia la frontera de Texas. Un coyote[3] la estará esperando para cruzarla y luego transportarla a Nueva York, donde su hermano y un trabajo bien remunerado[4] la estarán esperando con los brazos abiertos.

Yo traté de advertirle[5] sobre lo que le esperaba. "¿Tú sabes lo peligroso que es cruzar la frontera?" —"Sí, pero cruzar por Texas es más fácil que cruzar por California."

"¿Tú sabes que los coyotes te pueden abusar, maltratar y hasta robarte y dejarte abandonada?" — "Eso no me va a pasar a mí porque mi hermano le va a dar al coyote $1,800 cuando él me entregue[6]."

"¿Tú sabes que los inmigrantes como tú no son bienvenidos en Estados Unidos y que hay un gran resentimiento[7] contra los indocumentados[8]?" — "Sí, pero eso no me importa."

"Tendrás que vivir en un sub-mundo escondiéndote de las autoridades." — "Valdrá la pena el sacrificio."

"Estarás violando la ley." — "No tengo otra alternativa."

"¿Qué pasará con tus hijos?" — "Se quedarán con una tía hasta que pueda mandar por ellos[9]."

Cuando nada funcionó para disuadirla[10], le recordé sobre el crudo invierno que tendrá que soportar a cambio del calor paradisíaco de Acapulco. — "Ya me acostumbraré."

1 virtualmente: *aquí* prácticamente, en la realidad
2 la visa: *amer.* el visado (documento para poder entrar en un paìs)
3 el coyote: *mex.* el traficante de personas (Schlepper)
4 bien remunerado/-a: bien pagado/-a
5 advertir (e>ie) a alg. de/sobre a/c.: jdn. vor etw. warnen
6 entregar: *hier* sicher ans Ziel bringen
7 el resentimiento: la antipatía, el rechazo
8 el/la indocumentado/-a: el/la inmigrante ilegal/sin papeles
9 mandar por alg.: nach jdm. schicken, jdn. holen
10 disuadir a alg.: jdn. umstimmen

Se calcula que hay más de un millón de personas que cruzan ilegalmente la frontera norte cada año. De esos, una tercera parte son capturados y deportados. Sólo el año pasado, 360 inmigrantes murieron durante su travesía. En ese mismo período de tiempo, los mexicanos que viven en Estados Unid os –con o sin documentos– enviaron a sus familiares unos $10 mil millones en remesas[1].
Leticia está a punto de convertirse en una de esas estadísticas. Que bueno sería que terminara mejor en la lista de aquellos que decidieron quedarse y tuvieron la suerte de abrirse camino y ganarse la vida dignamente en su propio país.

Eco Latino, 1-3-2003

1. Formad cuatro grupos (A–D) y leed el texto.
   (A) Presentad a Leticia (situación familiar, trabajo).
   (B) Presentad las razones por las que Leticia pretende emigrar a los EEUU y sus esperanzas.
   (C) Presentad la situación en la frontera norte de México, según el texto.
   (D) Presentad la situación de los inmigrantes mexicanos en los EEUU, según el texto.
2. Luego intercambiad información formando grupos de expertos.
3. Analiza la intención de María Elena Salinas al publicar este reportaje.
4. ¿Quedarse en México o marcharse a los EEUU? Comenta la decisión de Leticia.
5. ¿Cómo será la vida de Leticia en los EEUU? ¿Sus sueños se cumplirán? Escribe una viñeta para la novela "La casa en Mango Street" intitulada "Leticia".

1 enviar en remesas: transferir (dinero)

La frontera norte de México

1. Describe y comenta las fotos.
2. Busca otra foto en Internet que represente la situación actual en la frontera norte de México. Expón tu foto en clase, descríbela y explícasela a los demás.

SAN ANTONIO, EL FUTURO SIN COMPLEJOS

Por John Carlin

[...] "Esta ciudad es una visión del futuro, un ejemplo de integración armoniosa para el resto de Estados Unidos", dice [Ricardo] Romo, que es de San Antonio[1] pero ha vivido en Los Ángeles, San Diego, San Francisco y Austin, todas ellas ciudades con un elevado componente hispano. ¿Y qué dice del revuelo[2] causado hace poco por la elección de un alcalde hispano en Los Ángeles, por primera vez en 133 años? ¿No es ésa la visión del futuro? "Los Ángeles está 25 años por detrás de nosotros", replica Romo, que ha escrito un libro sobre los barrios hispanos del este de Los Ángeles. "California siempre está en primera línea de todo, pero, políticamente, estamos muy por delante de ellos".

Y muy por delante también de pensadores de derechas como Samuel Huntington, autor del polémico libro sobre el Islam y Occidente "El choque de civilizaciones", que opina que la invasión mexicana acabará minando[3] la cultura y los valores estadounidenses. Romo desprecia lo que considera "la paranoia ignorante" de Huntington [...]. "Recuerdo a uno de los líderes de la ciudad que decía, hace sólo 40 años, que los hispanos sólo valían para jardineros, que era imposible que pudieran llegar a participar jamás en los negocios o la política. ¡Con esas palabras! Pero, en aquellos días, a mucha gente le parecía evidente que era así. La teoría imperante[4] era que existía un techo genético[5] para lo que podían hacer los hispanos".

A Romo no le extrañó descubrir, cuando fue a estudiar a la Universidad de Tejas en los años sesenta, que no había más

1 San Antonio: la séptima ciudad de los EEUU (1.3 millones de habitantes), situada en el estado de Tejas
2 el revuelo: la excitación, el tumulto
3 minar: *aquí* destruir
4 imperante: predominante
5 el techo genético: *aquí* la limitación genética

que 20 hispanos en una población universitaria total de 2.500. Romo, nacido en un barrio humilde, no sólo ha alcanzado el extraordinario honor de ser hoy el primer rector hispano de la Universidad de Tejas en San Antonio, sino que gobierna un campus en el que, de 26.000 alumnos, 12.000 son hispanos; es decir, de menos del 1% al 45% en apenas una generación. "Lo que ha sucedido en este tiempo es una especie de revolución pacífica", dice Romo, que identifica a Henry Cisneros[1], ministro en el Gobierno de Bill Clinton[2], como catalizador[3] de dicha revolución. Si San Antonio está 25 años por delante de Los Ángeles, es porque Cisneros fue elegido alcalde de San Antonio hace 25 años. "Venció cuatro veces seguidas en una ciudad que entonces era de mayoría anglo[4], y la última vez ganó con el 92% de los votos, que es una hazaña[5] imposible salvo en lugares como el Irak de Sadam Husein. Aquí fue posible porque demostró a todo el mundo que, cuando se les da la oportunidad, los hispanos pueden gobernar y administrar tan bien como cualquiera. Fue una época de gran prosperidad y progreso en San Antonio. Demostró a la gente que los hispanos pueden ser líderes de primera categoría". Lo que se ha demostrado desde entonces, a diferencia de lo que podrían pensar los miedosos de la derecha como Huntington, es que los hispanos no siempre votan por los hispanos. "No somos borregos[6]", dice Romo, que da el ejemplo de lo que pasó en una elección que se llevó a cabo en junio en su propia ciudad. Los anglos constituyen apenas el 30% de la población de San Antonio, pero un joven candidato hispano a la alcaldía[7] llamado Julián Castro fue derrotado por un hombre de 70 años con el nombre poco español de Phil Hardberger. "La tercera

1 Henry Cisneros: uno de los políticos hispanos más conocidos y populares de los EEUU; alcalde de San Antonio (1981–1989)
2 Bill Clinton: presidente de los EEUU (1992–2001)
3 el catalizador: *aquí* el personaje más importante
4 anglo: *amer. fam.* angloamericano/-a
5 la hazaña: el hecho/acto soberbio, fenomenal
6 el/la borrego/-a: *aquí* persona tonta
7 la alcadía: Bürgermeisteramt

parte de los hispanos votaron por él", explica Romo, encantado por lo que expresa ese dato sobre la madurez y el grado de integración que ha logrado su ciudad. [...]

"Aquí, en San Antonio, no se trata de que una cultura esté expulsando a la otra", dice Romo. "Lo maravilloso es que hemos encontrado una mezcla feliz y eficaz de las dos. La ciudad tiene todas las virtudes tradicionalmente anglo de eficacia, pero también es famosa en todo Tejas y Estados Unidos por sus fiestas, que claramente están impulsadas por el lado mexicano. Ante todo, hay que destacar el espíritu de respeto por todas las culturas que, con el tiempo, se ha desarrollado en esta ciudad".

El País, 4-8-2005

1. Resume lo que llegas a saber de Ricardo Romo.
2. Analiza cómo John Carlin presenta los cambios que se han producido en San Antonio en los últimos 40 años.
3. Compara el ejemplo de convivencia descrito en este artículo con la imagen que se refleja en la novela "La casa en Mango Street".
4. Discutid: ¿Será posible que angloamericanos e hispanos convivan "sin complejos" en el futuro?
5. En grupos pequeños, preparad y haced ponencias que expongan la convivencia entre autóctonos e inmigrantes en vuestro país o entorno.

Sandra Cisneros nació en Chicago en 1954. Reconocida a nivel internacional por su poesía y su ficción y recipiente de numerosos premios literarios, Cisneros es la autora de los libros "Woman Hollering Creek and Other Stories" (1991), "Loose Woman" (1994), "Caramelo" (2002), "Vintage Cisneros" (2004) y otros más.
Cisneros vive en San Antonio, Texas, y está escribiendo otra novela.

Acerca de la traductora
Elena Poniatowska nació en Paris en 1933 y es hoy una de las más destacadas figuras literarias de México. Novelista, ensayista y periodista, fue la primera mujer en ganar el prestigioso Premio Nacional de Periodismo.
Vive en la Ciudad de México.